LE COMTE DE DURANTI



# RECHERCHES

SUR

# LOUIS XVII



PARIS
E. VOREAUX, libraire, 11, rue Chauveau-Lagarde
et dans toutes les librairies

1883

RECHERCHES SUR LOUIS XVII

LE COMTE DE DURANTI

# RECHERCHES

SUR

# LOUIS XVII

PARIS
E. VOREAUX, libraire, 14, rue Chauveau-Lagarde
et dans toutes les librairies

1885

# RECHERCHES SUR LOUIS XVII

## INTRODUCTION

Une importante question historique, jusqu'à présent restée dans l'ombre par suite « des exigences de ce qu'on nomme la raison d'État » (1), nous occupe depuis plusieurs années.

(1) Louis Blanc, Histoire de la Révolution française, tome XIII.

Louis XVII est-il mort en 1795 dans la prison du Temple?

Après avoir étudié en conscience tout ce qui se rattache à cette partie de notre histoire nationale, nous venons soumettre à l'opinion publique le résumé des principaux faits qui nous ont prouvé :

Qu'il y a eu substitution de personne dans la prison;

Que Louis XVII a été enlevé du Temple :

Qu'il a vécu dans différents pays, jusqu'en 1845;

Et qu'il a laissé des enfants portant régulièrement le nom de Bourbon.

Le vicomte de Larochefoucauld, ancien aide de camp de Charles X, après avoir pesé le pour et le contre de l'existence de Louis XVII jusqu'en 1834, donne dans ses Mémoires, et à propos du personnage dont nous établirons l'identité, ce conseil d'un fidèle et loyal gentilhomme :

« *Le parti qui semble le plus sage, c'est celui de l'examen ;*

*Repousser sans vérification peut être injustice, crime, et assurément faute de conduite ;*

*Écouter et juger, c'est le moyen de la prudence et de la loyauté.* »

(Mémoires de Larochefoucauld, tome V, page 86.)

Nos recherches remontent au 9 thermidor.

En voici le sommaire :

PRÉAMBULE

SUBSTITUTION — ENLÈVEMENT

DE 1795 A 1810

LA PRUSSE

PARIS — LONDRES

LA HOLLANDE

SURVIVANCE — CONCLUSION

APPENDICE

---

Les originaux des documents cités dans le présent ouvrage sont déposés au rang des minutes de Me Goupil, notaire à Paris, quai Voltaire, 23.

# RECHERCHES SUR LOUIS XVII

## PRÉAMBULE

Le 9 thermidor *(27 juillet 1794)*, Barras renverse Robespierre...

La confusion est générale.

Le chef vendéen, Charette, paralyse une partie des forces de la République et réclame Louis XVII enfermé dans la prison du Temple (1);

(1) Lorsqu'il fut enfermé dans la prison du Temple, le 13 août 1792, le Dauphin avait 7 ans et Madame Royale, sa sœur, en avait 14. Ces deux enfants, qui se portaient bien, furent toujours soumis au même régime ; ceci aura son importance.

Le comte de Provence [1], « joignant à une astuce profonde le plus violent désir de régner » [2], complote avec les régicides.

La Convention, en lutte avec l'Europe entière, veut, à tout prix, faire cesser la guerre civile [3].

Dans cet état de choses, Barras dirige le gouvernement.

Sans autre opinion que son intérêt personnel, que va-t-il faire?

Remettre officiellement Louis XVII aux Vendéens, c'est perdre toute action sur le comte de Provence ;

Garder au Temple l'enfant-Roi, c'est prolonger, sans profit, la guerre civile.

---

(1) Frère de Louis XVI, qui régna sous le nom de Louis XVIII.

(2) Louis Blanc, Histoire de la Révolution française, tome XIII.

(3) Dictionnaire Historique de la France par Lalanne, page 492.

Barras a une idée, habilement exploitée par lui d'abord, ensuite par Fouché et Talleyrand (1).

Il s'agit de s'entendre avec Charette et d'enlever subrepticement l'enfant-Roi, après avoir répandu officiellement le bruit de sa mort.

Telle est l'origine des mystères du Temple.

---

(1) On lit dans la Biographie des Contemporains par Jouy, *de l'Académie française :*

« *Fouché* se réunit secrètement aux autres conventionnels qui méditaient la fameuse journée du 9 thermidor. » (Paris, 1822, Tome VII, page 213.)

Et dans le Dictionnaire Historique de la France par Lalanne :

« *Talleyrand*... fut nommé, *grâce à la protection de Barras*, ministre des relations extérieures... » (Paris, 1872, page 1691.)

*Barras*, *Fouché* et *Talleyrand*, arrivés au pouvoir sans fortune, ont acquis des richesses immenses dont ils ont joui au grand jour, sous la Restauration.

## SUBSTITUTION

**Laurent.** 27 JUILLET 1794. — Beauchesne, dans son livre sur Louis XVII, raconte en ces termes le premier acte des politiciens après le 9 thermidor :

« Le lendemain du 9 thermidor, à 6 heures du matin, Barras qui avait été un des principaux auteurs de cette journée se rendit au Temple avec plusieurs membres des comités et quelques députés de la Convention en grand costume...

Dans le nombreux cortège qui environnait le nouveau commandant des troupes parisiennes, se trouvait le citoyen Laurent, membre du comité révolutionnaire de la section du Temple : — *J'aurais à causer avec vous,* — lui dit Barras — *venez me voir quand nous serons rentrés.* —

Laurent fut exact au rendez-vous. — *Nous avons disposé de vous sans vous consulter,* —

lui dit le nouveau dictateur — *les Comités viennent, sur ma proposition, de vous nommer gardien des enfants de l'ex-Roi.* — »

(Beauchesne, tome II, Livre XV, page 216.) (1)

*Laurent* est un créole de la Martinique, *compatriote et créature de Joséphine de Beauharnais* (2).

Joséphine de Beauharnais, qui exerce une grande influence sur Barras, veut sauver Louis XVII, et elle fait appel au dévoûment de Laurent.

En attendant le moment d'enlever du Temple l'enfant-Roi, Laurent le cache

---

(1) Beauchesne, *gentilhomme ordinaire de la chambre du roi Charles X*, a écrit tout un gros volume pour faire passer le seul chapitre où il cherche à établir que Louis XVII est mort au Temple. Il donne malgré lui bien des preuves du contraire. Nous en signalons quelques-unes.

Les citations que nous empruntons à l'ouvrage de Beauchesne sont tirées de l'édition populaire de 1866 réimprimée en 1879. C'est à cette édition que se rapportent les numéros des pages.

(2) Plus tard, femme de Napoléon Ier.

au 4e étage de la tour, et lui substitue, dans la prison, un enfant *sourd-muet* d'une mauvaise santé.

Cet enfant, dont nous ne sommes pas autorisé à dire le nom, est celui qui reçut la visite du conventionnel Harmand de la Meuse, officiellement chargé d'une inspection au Temple.

En effet, Harmand de la Meuse publia en 1814, au sujet de sa visite à l'enfant du Temple, un récit contenant cette phrase significative :

« J'épuisai en vain toute la nomenclature des choses qu'on désire à cet âge; je n'en reçus pas un mot de réponse, *pas même un signe ou un geste,* quoiqu'il eût la tête tournée vers moi *et qu'il me regardât avec une fixité étonnante.* » (1)

(Anecdotes relatives à plusieurs évènements remarquables de la Révolution. *Baudoin, éditeur, Paris 1814, pages 15 à 50.)*

---

(1) On a cherché à expliquer *ce mutisme* en disant que l'enfant-Roi avait pris la résolution de ne pas parler.

**Gomin.** 8 NOVEMBRE 1794. — Pendant seize mois (du 3 juillet 1793 au 8 novembre 1794), un seul gardien a suffi ; maintenant qu'il y a substitution de personne dans la prison, il faut deux gardiens pour éviter les soupçons.

En conséquence, le 8 novembre 1794, un second gardien nommé *Gomin* est adjoint à Laurent.

On lit dans Beauchesne :

« Laurent et Gomin se trouvaient dans une position qu'ils n'avaient point ambitionnée... Le premier l'occupait *par dévoûment*, le second la gardait *par peur*. »

(Livre XVI, page 258.)

**La surveillance du Temple.** 2 DÉCEMBRE 1794. — Malgré la réaction contre la Terreur, le sort des prisonniers du Temple n'est pas adouci.

En effet, à cause de la substitution, il était indispensable d'empêcher toute possibilité de communication entre les enfants de Louis XVI.

On lit dans Beauchesne :

« Il était absolument défendu de laisser se rencontrer les enfants de Louis XVI. Mathieu avait signifié cette prohibition *de la manière la plus formelle.* »

(Livre XVI, page 219.)

De plus, il est prudent de faire adopter un genre de contrôle dont l'efficacité ne sera qu'apparente. Le même Mathieu, membre du comité de sûreté générale *dont Barras est le maître*, s'en charge encore et, le 2 décembre 1794, il présente à la Convention un rapport où il dit :

« La Convention sait bien comment on fait mourir les rois, elle ignore le moyen d'adoucir le sort de leurs enfants...

Nous avons établi *une surveillance roulante* qui consiste dans l'adjonction aux deux gardiens du Temple, d'un commissaire choisi parmi les membres civils des 48 sections de Paris. Ce commissaire, *en fonctions pendant 24 heures*, reste pendant ce temps enfermé avec les gardiens des enfants. »

(*Moniteur Officiel* du 3 décembre 1794.)

Cette aggravation du supplice des malheureux enfants serait inexplicable sans le plan de Barras, mais il a tout prévu :

S'il y a lieu de faire une enquête, on aura maintenant sous la main ces commissaires irresponsables qui, n'ayant vu que l'enfant substitué, déclareront que c'est *le fils de Louis Capet*.

La garde du Temple n'est pas plus sérieuse que les commissaires roulants.

On lit dans Beauchesne :

« Une lettre des gardiens du Temple, portant la date du 21 décembre 1794, avertit le comité de sûreté générale que le détachement des canonniers, qui avait la veille relevé la garde du Temple, n'était composé que d'enfants sans armes et hors d'état de faire le service. »

(Livre XVI, page 253.)

La substitution étant faite, il était nécessaire de remédier à une négligence qui n'avait plus sa raison d'être.

**Charette et la Convention.** — Ses dispositions prises, Barras négocie avec Charette.

Les effets de cette négociation ne tardent pas à se faire sentir.

On lit dans la Biographie des Contemporains par Jouy *de l'Académie française*, ouvrage publié sous Louis XVIII :

« Le 19 février 1795, Charette, Couétus, Sapineau, Caumartin, de Haye, les deux frères Guérin, Caillaud, Defaignard, Goguet, d'Épinay, Sauvaget, Solihac et de Bruc, signèrent à La Jaunaye, sous la tente, la déclaration suivante :

— *Nous déclarons, solennellement, à la Convention Nationale et à la France entière nous soumettre à la République une et indivisible ; nous reconnaissons ses lois, et nous prenons l'engagement formel de n'y porter aucune atteinte. Nous promettons de remettre le plus tôt possible l'artillerie et les chevaux qui sont entre nos mains, et nous prenons l'engagement solennel de ne jamais porter les armes contre la République.* —

Charette vint à Nantes et, au milieu de son état-major et de celui des troupes républicaines, y fit une espèce d'entrée triomphale. (1)

Il parut au théâtre, à la Société Populaire, reçut partout un accueil plein de franchise et d'urbanité, et crut devoir y répondre en écrivant à la Société Populaire une lettre où l'on remarque la phrase suivante :

— *Unissons nos efforts pour seconder les vues sages et bienfaisantes de la Convention.* — »

(Biographie des contemporains par Arnault *de l'Institut*, Jay, Jouy *de l'Académie française*, Norvins et autres hommes de lettres, magistrats et militaires, Paris 1822, t. IV, p. 313 et 317.)

Beauchesne explique cette alliance avec la Convention, en disant que

(1) On lit dans le Dictionnaire Historique de la France :

Le 26 février, le général vendéen fit son entrée à cheval, à Nantes, à côté du général républicain *Canclaux*.

(Lalanne, article Charette, page 192.)

Charette avait signé « un traité dont les clauses secrètes stipulaient la remise entre ses mains du jeune Roi. » (L. XX p. 373)

Charette, dans une lettre au comte de Provence, donne lui-même cette appréciation de sa conduite :

« La Jaunaye, 20 février 1795.

Je traite avec la Convention dite Nationale... Mon roi et le vôtre est prisonnier des bourreaux de son père qui peuvent devenir les siens. Sa vie sacrée est perpétuellement menacée. TOUT EST DONC PERMIS, TOUT EST DONC LÉGITIME POUR LE RENDRE A LA LIBERTÉ. Eh bien ! cette liberté, je l'ai obtenue. *Une convention secrète* entre les commissaires du pouvoir exécutif et moi, *décide du sort de Sa Majesté.*

Nous ne sommes rien sans un prince de la maison de Bourbon...

C'est à lui que J'IMMOLE ma réputation, mon influence, PEUT-ÊTRE MÊME MON HONNEUR...

On me donne toute l'assurance possible de la fidélité qu'on mettra à remplir *la grande condition.*

Un profond mystère, impénétrable aux agents de l'Autriche... doit couvrir ce que je dépose, en pleine confiance, dans le sein de Votre Altesse Royale...

J'ai cru, dans la circonstance, devoir agir d'après moi seul, afin que, *si l'affaire tourne mal*, on n'en accuse pas le régent de France, mais uniquement son dévoué et respectueux serviteur.

*Signé* : CHARETTE. » (1)

Charette, croyant devenir l'arbitre de la situation, s'est associé à l'idée de Barras et la grande condition dont il parle n'est qu'un marché sur le sort du royal orphelin.

Les politiciens arrêtent ainsi la guerre civile, en conservant un moyen d'action sur le comte de Provence.

---

(1) Cette lettre se trouve dans les *Mémoires de Louis XVIII* rédigés par le baron de Lamothe-Langon sur les notes du Roi. (Paris, 1832, tome VI, page 341.)

Le baron de Lamothe-Langon fait de cette lettre un titre de gloire pour Charette.

**Étienne Lasne.** 31 MARS 1795. — Il est entendu qu'on enlèvera l'enfant-Roi, après avoir répandu officiellement le bruit de sa mort.

Pour cela, il faudrait sacrifier l'enfant sourd-muet ; mais Laurent, reculant devant l'accomplissement d'un crime, avertit Joséphine qui fait promettre à Barras de renoncer à cette combinaison.

L'indiscrétion de Laurent, déjà très gênante, peut créer dans l'avenir un danger sérieux.

Barras y remédie.

Le 31 mars, le nommé *Étienne Lasne* remplace Laurent.

Voici la raison donnée par Beauchesne :

« Laurent se retirait, non point devant une destitution, mais sur sa demande personnelle : il venait de perdre sa mère et des intérêts de famille réclamaient sa présence et ses soins... *à l'île de la Martinique.* »

(Livre XVI, page 285.)

En fait, Barras saisit cette circonstance pour envoyer Laurent à Cayenne, en qualité de secrétaire de Victor Hugues qu'il venait de nommer commissaire du gouvernement aux Iles sous le Vent (1).

Étienne Lasne, homme énergique, domine complètement le timide Gomin.

On lit dans Beauchesne :

« Malgré leur différence d'humeur et de caractère, ou peut-être à cause de cette différence même, les deux collègues vivaient *dans la plus parfaite harmonie.* »

(Livre XVII, page 298.)

**Les trois médecins.** 30 MAI. — Le temps presse.

Il faut absolument remplir *la grande condition,* tout en sauvegardant les apparences.

---

(1) Laurent s'embarqua au mois de juillet. Il mourut à Cayenne *subitement.* Beauchesne attribue sa mort *au hasard.* (Livre XVI, page 286.)

On commence par dire que *le fils de Capet* est incommodé et on charge le chirurgien Desault de traiter l'enfant qui lui a été substitué.

*Le 30 mai*, Desault appelle en consultation Choppart et Doublet, consultation funeste aux trois médecins!

Desault meurt *subitement* le surlendemain *1er juin*. Choppart et Doublet disparaissent de la même façon (1).

Aussitôt, le docteur Abeillé, principal élève de Desault, s'embarque prudemment pour l'Amérique et, une fois en sûreté, il explique, dans un journal de New-York, l'*American Bee*, ces cas de mort subite

(1) Beauchesne convient de la mort *subite* de Desault *le 1er juin*, ainsi que de celle de Choppart, en les attribuant *au hasard*, comme celle de Laurent.

*(Livre XVIII, page 312.)*

La mort *subite* de Doublet est constatée par le chevalier de Mayer, dans son ouvrage intitulé : *Les Derniers Régicides.*

*(Paris, 1796, page 45.)*

en affirmant que le chirurgien Desault, qui avait traité le Dauphin à Versailles, ne l'avait point reconnu au Temple et avait eu l'imprudence de le dire (1).

Avant ou après la visite des trois médecins, il y eut une seconde substitution dont le moment précis ne paraît point prouvé.

L'enfant sourd-muet fut remplacé par un enfant scrofuleux, nommé *Leninger*, dont la mort, plus facile à expliquer, pouvait être attribuée à une maladie constitutionnelle (2).

**Le rapport de Sevestre.** — Le 8 juin 1795, l'enfant scrofuleux meurt

---

(1) Louis Blanc rapporte les mêmes faits dans son Histoire de la Révolution française. (Tome XIII, page 89.)

(2) Le petit Leninger fut pris à l'Hôtel-Dieu dans la salle Saint-Louis. Sa mère, veuve d'un jardinier de Versailles, craignant d'être compromise, Laurent lui facilita les moyens de se réfugier à l'île de la Martinique; elle y était encore en 1836 et un homme connu, M. Cazotte, y signale sa présence.

et *le 9 juin* Sevestre, membre du comité de sûreté générale, présente à la Convention le rapport suivant :

« Citoyens ! Depuis quelque temps, le fils de Capet était incommodé...

Le fameux Desault, officier de santé, fut nommé pour le voir et pour le traiter; *ses talents et sa probité* nous répondaient que rien ne manquerait aux soins *qui sont dus à l'humanité.*

Cependant la maladie prenait des caractères très graves. Le 16 prairial (*4 juin*), Desault mourut. Le Comité nomma pour le remplacer le citoyen Pelletan, officier de santé *très connu* et le citoyen Dumangin. (1)

Les bulletins *d'hier*, à onze heures du matin, annonçaient des symptômes inquiétants pour la vie du malade; à deux heures un quart après midi, nous avons reçu la nouvelle de la mort du fils de Capet... »

(*Moniteur officiel* du 10 juin 1795.)

Desault mourut *le 1er juin,* mais le

(1) Ni l'un ni l'autre n'avait connu le Dauphin.

docteur Pelletan qui le remplaça n'ayant été nommé que *le 5 juin*, Sevestre dit que Desault mourut *le 4 juin*, pour ne pas laisser voir qu'aucun médecin n'a pénétré au Temple pendant les six jours qui suivirent la consultation.

En effet, on lit dans Beauchesne :

« Depuis le 31 mai, veille de la mort de Desault, jusqu'au 5 juin, c'est-à-dire *pendant six jours*, aucuns soins du dehors ne sont arrivés au prisonnier. »

(Livre XVIII, page 316.)

Ce n'était point sans raisons que le rapport de Sevestre déguisait la vérité.

**L'autopsie**. 9 JUIN 1795. — De plus, *avant d'annoncer le décès du malade,* on a eu soin de rendre, par l'autopsie, toute constatation d'identité impossible.

On lit dans le procès-verbal daté du

21 prairial *(9 juin)* et signé par les quatre médecins chargés de l'autopsie :

« Nous soussignés... arrivés tous les quatre, *à onze heures du matin*... nous avons trouvé dans un lit le corps mort d'un enfant qui nous a paru âgé d'environ dix ans, *que les commissaires nous ont dit être celui du fils de défunt Louis Capet*... »

Les médecins, affirmatifs seulement sur un point, l'ancienneté de la maladie, terminent ainsi :

« Tous les désordres dont nous venons de donner le détail sont évidemment l'effet d'un vice scrofuleux *existant depuis longtemps*, et auquel on doit attribuer la mort de l'enfant.

*Signé :* PELLETAN, DUMANGIN, LASSUS, JEANROY. »

**La réflexion de l'abbé Perreau.** — Dans son livre intitulé le Passé et l'Avenir, l'abbé Perreau, vicaire-général de Paris et secrétaire de la Grande Aumônerie de France *sous la Restauration,* fait cette réflexion sur le procès-verbal d'autopsie :

« Il est constant que dans le mois de décembre 1794, c'est-à-dire *six mois* avant la mort de l'enfant du Temple, le prisonnier se portait bien.

Si l'on suppose qu'un individu, assez ressemblant au Dauphin et attaqué d'un vice scrofuleux, a pu lui être substitué dans la tour du Temple, lorsque la maladie de cet individu était à son dernier période, *dès lors,* tout paraît s'expliquer... »

(*Le Passé et l'Avenir* par l'abbé Perreau, Paris 1832.)

**Le régime de la prison.** — Le régime de la prison n'aurait pas altéré la santé de l'enfant-Roi au point de le rendre scrofuleux, tandis que sa sœur, soumise à ce même régime, s'était toujours bien portée.

On lit dans Beauchesne :

« La santé de Madame Royale n'avait pas souffert de sa longue captivité ; son physique comme son âme s'était développé. »

(Livre XX, page 371.)

**L'acte de décès de 1795.** — La mort du petit Leninger ayant accrédité celle du Roi, on dresse un acte de décès dont voici le texte d'après Beauchesne :

(1) « — 364 — Du *24 prairial* de l'an *trois* de la République (*12 juin 1795*).

Acte de décès de *Louis-Charles Capet du vingt de ce mois* (*8 juin*), *trois heures après midy*.

Profession :

Agé de : *dix ans deux mois*,

---

(1) Les caractères en italiques représentent ce qui aurait été écrit à la main sur la formule imprimée.

Natif de : *Versailles, département de Seine-et-Oise,*

Domicilié à : *Paris, aux tours du Temple, section du Temple, fils de Louis Capet, dernier Roy des Français, et de Marie-Antoinette-Josephe-Jeanne d'Autriche.*

Sur la déclaration faite à la Maison Commune, par :

*Étienne Lasne*, âgé de : *trente-neuf ans*, profession : *gardien du Temple*, domicilié à : *Paris, rue et section des Droits de l'Homme, n° 48*. Le déclarant a dit être : *voisin;*

Et par : *Remy Bigot*, âgé de : *cinquante-sept ans*, profession : *employé*, domicilié à : *Paris, Vieille Rue du Temple, n° 61*. Le déclarant a dit être : *ami.*

Vu le certificat de *Dussert* — commissaire *de police* de la dite section du *vingt-deux de ce mois* (*10 juin*).

*E. Lasne*
*Commandant en chef, Section des droits de l'Homme.*

*Robin*
*Officier public.*

*Bigot.* »

(Beauchesne, Livre XVIII, page 336.)

Il y a lieu de remarquer que la signature de Gomin ne figure pas sur cet acte de décès et qu'elle a été remplacée par celle d'un nommé *Bigot,* individu inconnu qui s'est dit *ami*, ami du roi de France qu'il n'avait jamais vu ! (1)

En 1851, lors d'une revendication célèbre, on a soutenu devant le tribunal, civil de la Seine que cet acte s'était perdu pendant la Révolution.

En 1874, devant la Cour d'appel de Paris, on a dit que l'original avait été déposé à l'Hôtel-de-Ville et brûlé pendant la Commune.

Quoi qu'il en soit, il n'existe de cet acte, ni original, ni copie authentique.

---

(1) Cependant le gardien Gomin, ayant signé la déclaration du décès faite au commissaire de police de la section, devait, d'après les lois en vigueur, et sous peine de deux mois de prison, signer lui-même l'acte de décès.

## ENLÈVEMENT

**Le convoi.** — On lit dans le *Moniteur Officiel* du 26 prairial, an III :

« *Avant hier* (12 juin), *à huit heures et demie du soir,* deux commissaires civils et le commissaire de police de la section du Temple se transportèrent à la tour du Temple pour enlever le corps du fils de Capet.

Des mesures de sûreté générale ont fait escorter ce convoi, *de loin en loin,* par des détachements d'infanterie. »

M. Chantelauze, dans son livre sur Louis XVII, constate le même fait en ajoutant ceci :

« Les officiers de la garde laissèrent sortir librement le convoi. »

(Chantelauze, Paris 1884, pages 402 et 401.) (1)

---

(1) M. CHANTELAUZE, comme Beauchesne, a aussi écrit un gros volume pour établir que Louis XVII est mort au Temple, mais il avoue, lui-même, avoir puisé ses arguments *dans les procès-verbaux officiels de la police de Louis XVIII.* (Paris 1884. Introduction, page 13.)

Et Peuchet, archiviste de la préfecture de police *sous la Restauration,* précise en ces termes le caractère de ce convoi :

« Les commissaires Petit et Simon se jugèrent suffisamment informés pour asseoir leur opinion. Le 15 mars 1816, ils remirent au préfet de police un rapport.

Ils stigmatisaient en même temps la déclaration de *Dussert* qui avait parlé d'un grand concours de monde à la porte du Temple, lorsqu'il était, au contraire, de notoriété publique que l'enterrement, qui n'était nullement une cérémonie, avait eu lieu presque *dans la solitude,* en quelque sorte *clandestinement.* »

(Mémoires de Tous, Collection de souvenirs contemporains tendant à établir la vérité dans l'histoire, tome II, Peuchet, page 313.)

Ce convoi clandestin avait été combiné pour enlever du Temple l'enfant-Roi :

Après les dernières constatations du décès de l'enfant scrofuleux, on cache son cadavre et c'est l'enfant-Roi, endormi par un narcotique, qu'on met dans la bière.

A cette époque il n'y avait pas encore de voitures spéciales pour les convois et, sous prétexte de la possibilité d'un grand concours de monde (*qu'on eût soin d'empêcher*), on avait commandé par mesure de sûreté générale, outre un brancard et quatre porteurs, une de ces voitures dites *tapissières* qui servaient ordinairement pour les pauvres.

La bière, avec son dépôt vivant, est apportée dans la rue à l'aide du brancard et ensuite placée dans la voiture. *(La rue était à 300 pas de la tour du Temple.)*

Cette voiture, fermée par des rideaux, avait un double-fond.

En route, entre dix et onze heures du soir, l'enfant-Roi est retiré de la bière et caché dans ce double-fond.

Au cimetière, on enterre la bière *vide*.

**La bière vide.** — Beauchesne est réduit à cet aveu :

« Nous avons, *pendant vingt ans,* fait des recherches sur tout ce qui est relatif à la vie et à la mort du Dauphin. La Providence avait bien voulu conserver la vie à deux vieillards qui nous ont éclairé. *Lasne et Gomin...* (1)

Malheureusement, les lumières qui nous avaient guidé dans la tour du Temple, nous abandonnent dans le cimetière...

Presque tous les témoignages, acceptés comme vrais jusqu'à ce jour, portent que les restes du Prince furent inhumés dans la fosse commune. Cependant Lasne nous a toujours affirmé le contraire...

Quoi qu'il en soit, *l'emplacement de la sépulture reste désigné d'une manière précise.* Mais cette sépulture a-t-elle gardé le dépôt qui lui était confié ? *C'est là une question qu'il nous est impossible de résoudre.* »

(Livre XIX, pages 312 et 313.)

---

(1) « *Lasne et Gomin* que leurs propres déclarations, faites à diverses époques, et rapprochées, prouvent avoir été, tous les deux, de faux témoins ! »

(Louis Blanc, Hist. de la Rév., tome XIII, page 65.)

Napoléon Ier rapporte ceci dans ses Mémoires :

« On prétendit que le Dauphin avait été enlevé de sa prison, du consentement des comités; qu'un autre enfant, mis à sa place, avait été promptement sacrifié, victime d'une politique odieuse, afin que l'on pût nier la remise du roi de France à ses serviteurs et, bien que la parole eût été tenue, *en annuler l'effet par le bruit de cette mort.*

Joséphine, dès l'époque de notre mariage, me parut convaincue de l'exactitude de ce récit. Elle se croyait très avant dans cette intrigue...

Plus tard, je voulus savoir ce qu'il en était réellement...

*Aucune pièce ne constatait l'identité...*

Je fis faire des fouilles *au lieu indiqué de la sépulture* du cadavre. La bière, encore assez bien conservée, ayant été ouverte en présence de Fouché et de Savary, se trouva *vide.* »

(Mémoires de Napoléon Ier, recueillis et mis en ordre par le baron de Lamothe-Langon, rédacteur des Mémoires de Louis XVIII, tome I, page 211.)

**Les quatre porteurs.** — Les quatre porteurs, qui avaient retiré de la bière son dépôt vivant, moururent subitement comme les trois médecins : Desault, Choppart et Doublet.

En effet, le sieur *Voisin*, conducteur des convois funèbres de la section du Temple en 1795, fit la déclaration suivante qui a été déposée aux Archives Nationales :

« En ma qualité de conducteur, je fus requis par les autorités, en date du 24 prairial, an 3e de la République, A 9 HEURES ET DEMIE DU SOIR, de me transporter au Temple pour y faire l'inhumation du corps de l'infortuné Prince, dont j'étais assisté de M. *du Cerf* (1), commissaire de la section, et d'un officier, dont j'ignore le nom, assisté des quatre porteurs *qui firent une mort aussi funeste* que les trois médecins...

---

(1) Il s'agit du commissaire de police *Dussert*, dont parle Peuchet. (Voir page 36.)

*Je ne pus fermer la caisse*, pensant fort bien que le bruit de cette fermeture allait émouvoir les entrailles de l'auguste princesse... (1)

J'affirme sincères et véritables les susdites déclarations par moi faites en présence :

Du sieur Gouchet *chevalier de Saint-Louis;*

Du sieur Poupart *ancien officier de l'armée de Condé;*

Du sieur François Petit;

Et du sieur Monney *chevalier de Saint-Louis.*

28 janvier 1815.

*Ainsi signé :*

Voisin, Gouchet, Poupart, Petit, Monney. »

**Le cadavre de l'enfant scrofuleux.** — Le cadavre de l'enfant scrofuleux, laissé au Temple, fut enfoui dans le jardin.

---

(1) Madame Royale, qui n'avait aucune communication avec son frère et qui n'était tenue au courant de rien, aurait pu entendre le bruit de cette fermeture sans y attacher un sens funèbre, mais *Voisin*, qui avait reçu l'ordre de ne pas fermer la bière, profite de ce fait pour faire croire à une attention de sa part et obtenir une récompense de Louis XVIII.

On lit à ce sujet dans Beauchesne :

« Le général comte d'Andigné prisonnier au Temple, au mois de juin 1801... après avoir parlé d'un nouveau fossé creusé pour établir un second mur d'enceinte... rapporte ce qui suit :

Plusieurs détenus imaginèrent de convertir en jardin les terres du fossé qui avaient été jetées de notre côté... La terre mise à notre disposition était mauvaise... Un détenu crut en apercevoir de convenable dans le fossé; il creusa pour la retirer et ne fut pas médiocrement étonné d'apercevoir le corps d'un grand enfant qui avait été enterré *dans de la chaux vive.* »

(Livre XIX, page 355.)

On avait eu la précaution de détruire les traces de l'autopsie.

**La proclamation du général Puisaye.** 30 JUIN 1795. — *Vingt-deux jours après* le prétendu décès de Louis XVII, le général Puisaye, commandant en chef de l'armée royale de Bretagne, lance cette proclamation :

« Français !

Au nom de Dieu, de votre roi et de vos princes légitimes, nous venons vers vous avec des paroles de paix.

Pourquoi cet intéressant et auguste rejeton de tant de rois, le fils de ce malheureux monarque, qui, croyant se confier à l'amour de son peuple, s'est précipité lui-même dans les bras de ses assassins, *n'est-il pas proclamé roi*, rendu au trône de ses ancêtres et environné des gardiens et conseils que la nature et la loi lui désignent..?

Soyez les sauveurs de notre patrie... Il est glorieux de recevoir le prix de la valeur des mains d'un roi qu'on a rétabli dans ses droits.

Au quartier général de Carnac.

*Le* 30 *juin* 1795.

*Signé :* PUISAYE. » (1)

---

(1) Cette proclamation est citée dans les *Mémoires sur la Vendée* par le comte de Vauban, recueillis par M. de Lescure dans ses Mémoires sur la guerre de Vendée et l'expédition de Quiberon. (*Paris*, *F. Didot*, 1877, *page* 292.)

Cette proclamation déplut singulièrement au comte de Provence.

En effet, on lit dans la Biographie des Contemporains par Jouy *de l'Académie française :*

« Ses violents démêlés avec les agents du Roi (*Louis XVIII*), forcèrent le général Puisaye à donner sa démission en 1797... et il quitta la France...

La disgrâce dans laquelle cet officier général était tombé avant la Restauration ne paraît pas avoir cessé depuis, *et il n'est pas rentré en France.* »

(Biographie des Contemporains, Paris, 1824, tome XVII, page 145.)

**La réponse du général Boneret.** — *Un mois après* le prétendu décès de Louis XVII, on lit dans le procès-verbal officiel d'une séance de la Convention Nationale :

« Le commandant des armes au port de Lorient annonce que les Anglais commencèrent le 8 messidor (*26 juin*) à vomir des émigrés sur le territoire de la République ;

Que l'amiral anglais a fait sommer le général Boneret, commandant de Belle-Isle, de se rendre *au nom de Louis XVII;*

Que le général a répondu qu'il était pourvu de vivres et d'artillerie, *qu'il ne reconnaîtrait jamais Louis XVII.* »

(*Moniteur Officiel* du 9 juillet 1795.)

**L'ordre du jour du général Charette**. DÉCEMBRE 1795. — *Six mois après* le prétendu décès de Louis XVII, le général Charette, en décembre 1795, sous les murs des Sables-d'Olonne, adresse à son armée un ordre du jour avec cette apostrophe non dépourvue d'artifice :

« Unique et débile rejeton de ce grand arbre tranché par le glaive, tu n'as recueilli des tiens qu'un héritage de malheur, et, pour y mettre le comble, *à peine soustrait à la férocité de tes bourreaux,* TU ES DEVENU VICTIME DE LA TRAHISON DE TES DÉFENSEURS...

Eh quoi! tu retomberais sous la puissance des tyrans...

Non, non, *tant qu'un souffle de vie animera mon existence, la tienne est assurée!*

*Signé :* CHARETTE. »

(Mémoires de Larochefoucauld, tome V, page 83.) [1]

*L'affaire tournant mal*, le chef vendéen cherchait à se disculper, tout en abandonnant, trop tard, la cause du comte de Provence qui, pas plus que son frère le comte d'Artois, n'osait se mettre à la tête des armées royalistes.

Dans son désespoir, Charette écrit

---

[1] Cet ordre du jour, cité dans l'ouvrage intitulé : *Révélation sur l'existence de Louis XVII, duc de Normandie*, par Labreli de Fontaine *bibliothécaire de la duchesse douairière d'Orléans* mère de Louis-Philippe, a été imprimé en décembre 1795 et copié par le baron Tardif sur l'exemplaire déposé, à cette époque, à la préfecture de police dont il était secrétaire, et la copie certifiée en a été remise à Me Bourbon-Leblanc avocat de Louis XVII.

Il existe aussi un exemplaire de la même époque aux archives du ministère de la guerre.

même au comte de Provence une lettre fameuse commençant ainsi :

« Sire,

La lâcheté de votre frère a tout perdu... »

(Dictionnaire Historique par Lalanne, page 498.)

Au mépris de ses engagements, Charette a en vain rallumé la guerre civile ; il est fait prisonnier par les troupes de la Convention et fusillé à Nantes, le 29 mars 1796.

Barras, seul, dispose désormais du sort du royal orphelin.

**Le témoignage de la comtesse d'Adhémar.** — *Quatre ans après* le prétendu décès de Louis XVII, une ex-dame du Palais, anciennement amie intime de la reine Marie-Antoinette, la comtesse d'Adhémar, donne dans ses Mémoires l'affirmation suivante :

« Certes, je ne veux en aucune manière multiplier les chances qui s'offriront à des imposteurs, mais en écrivant ceci *au mois de mai 1799* je certifie, sur mon âme et conscience, être positivement sûre que *Sa Majesté Louis XVII n'a point péri dans la prison du Temple.*

Mais, je le répète, je ne me charge point de dire ce que le Prince est devenu. Je l'ignore. »

(Souvenirs sur Marie-Antoinette, tome III, Livre XIX, page 112.)

**Les considérations de Louis Blanc.** — Louis Blanc, dans son Histoire de la Révolution française, après avoir consacré aux preuves de l'enlèvement tout un chapitre intitulé *Mystères du Temple*, termine ainsi :

« On se demandera, sans doute, comment il se peut, s'il est vrai que le fils de Louis XVI ne soit pas mort au Temple, que son existence n'ait pas été reconnue, depuis, d'une manière certaine, et son identité solennellement constatée?

Il y a effectivement lieu de s'en étonner. Et toutefois, l'étonnement diminuera si l'on considère :

Qu'à l'époque indiquée comme celle de l'évasion, le Dauphin n'avait pas encore 9 ans ;

Que dans ce temps-là, l'Europe entière vivait dans un état d'effroyable confusion ;

Que le parti royaliste était un foyer d'intrigues ;

Que ses principaux meneurs ne voyaient, dans le rétablissement de la Monarchie, qu'une proie à dévorer, et, entre des prétentions rivales, se tenaient prêts à soutenir celles qui leur promettraient une plus large part dans la curée des emplois [1];

Que le comte de Provence, appelé à ceindre la couronne faute d'héritier direct, joignait, à une astuce profonde, le plus violent désir de régner. »

(Louis Blanc, Histoire de la Révolution française, édition de 1869, tome XIII, page 100.)

---

[1] Voyez ce que dit à ce sujet Puisaye lui-même, tome IV de ses Mémoires, pages 240 et 241. (*Louis Blanc.*)

**Les considérations de Larochefoucauld.** — Le vicomte de Larochefoucauld, ancien aide de camp de Charles X, après avoir examiné, dans ses Mémoires, le pour et le contre de l'existence de Louis XVII, ajoute loyalement ceci :

« La réflexion est obligée de convenir qu'à toute rigueur ce déplorable enfant a pu être retiré des mains de ses bourreaux ; que, pour dérober sa tête à toutes les poursuites, il a dû vivre dans une obscurité et dans une agitation peu favorables à sa recognition subséquente, et qu'enfin, dans l'état de proscription, de trouble et de domination où l'Europe a été tenue sous la Convention et l'Empire, il se peut rigoureusement aussi que le fils de Louis XVI n'ait jamais pu parvenir à se montrer et à faire valoir des droits qui auraient été un arrêt de mort pour lui et pour tous ceux, grands et petits, *rois et sujets*, qui se seraient exposés à le soutenir ! »

(Mémoires de Larochefoucauld, 1834, tome V.)
Voir ci-après, page 127.

## DE 1795 A 1810

**1795.** — Nous avons dit que le 12 juin 1795 on n'avait enterré au cimetière qu'une bière *vide*.

Après ce simulacre d'inhumation, l'enfant-Roi est apporté rue de Seine, n° 6, chez une Allemande veuve d'un garde-suisse.

Au bout de quelques jours, il est emmené en Vendée et remis entre les mains du marquis de Briges et du comte de Montmorin, sous le sceau du plus grand secret.

**1796.** — En 1796, après la mort de Charette, il est de nouveau emprisonné.

Joséphine intervient en sa faveur et il est reconduit auprès du marquis de Briges.

**1797.** — En 1797, il reçoit la visite de M. Tort, neveu de M. Tort de la Sonde ([1]).

A la suite de cette visite, il quitte la Vendée avec le marquis de Briges et Montmorin pour se rendre en Italie, où le pape Pie VI lui donne l'hospitalité dans une villa des États-Romains.

L'Allemande, remariée à un horloger de Genève, vient rejoindre les fugitifs, et le Prince apprend l'horlogerie. On vit tranquille pendant plusieurs mois.

**1798.** — En 1798, le pape Pie VI ayant été fait prisonnier, les persécutions recommencent.

Le marquis de Briges, l'horloger et sa femme meurent tous les trois en quelques jours.

---

([1]) M. de Brémond, ancien secrétaire de Louis XVI, affirme ce fait en 1837, dans une déposition devant le tribunal de Vevey, déposition dont nous parlerons.

Le Prince s'échappe avec Montmorin ; arrêté en mer, il est ramené en France, séparé de Montmorin et enfermé dans une prison.

**1799.** — Au-dessus des intrigues qui consument la Royauté, au-dessus d'un monde qui s'écroule, Napoléon s'élève.

Il écarte Barras, mais pour déjouer les complots du comte de Provence, il charge Fouché de veiller sur le représentant de la légitimité (1).

Louis XVII reste séquestré.

---

(1) On lit dans le Dictionnaire Historique de la France par Lalanne :

« En 1799, le lendemain du 18 brumaire (*premier coup d'état de Bonaparte*), Barras se retira à Bruxelles, où il mena grand train, grâce à *l'immense fortune* qu'il avait acquise par ses concussions. Il ne revint à Paris que *sous la Restauration* en 1814, *et il y resta jusqu'à sa mort* en 1829, *malgré la loi d'expulsion contre les régicides.* (Barras avait voté la mort de Louis XVI.) Le gouvernement fit mettre les scellés chez lui afin de s'emparer de pièces compromettantes pour les Bourbons et, entre autres, de lettres de Louis XVIII. » *(Page 190.)*

Fouché fut ministre de la police pendant presque tout l'Empire.

**1803**. — En 1803, il s'évade par l'entremise de Montmorin qui l'emmène dans la direction d'Ettenheim, résidence du duc d'Enghien.

Il est alors repris et enfermé dans la forteresse de Strasbourg.

**1804**. — En 1804, il est transféré au fort de Vincennes.

Il y a lieu de remarquer la coïncidence de cet emprisonnement avec l'exécution du duc d'Enghien.

**1809**. — En 1809, Montmorin vient le délivrer, grâce à la protection de l'impératrice Joséphine.

Après bien des difficultés, on arrive à Francfort.

De là, on se dirige vers l'Autriche.

Il est reçu par le duc de Brunswick qui lui donne une lettre pour le gouvernement prussien et il prend, avec Montmorin, la route de Berlin.

Les deux voyageurs, arrêtés comme espions, sont conduits devant un chef de partisans nommé Schill qui, voyant la lettre du duc de Brunswick, les traite avec de grands égards et les garde auprès de lui, jusqu'au moment où sa petite troupe est écrasée par les Westphaliens du roi Jérôme (1).

Montmorin est tué dans l'action.

Le Prince est fait prisonnier et mené à la forteresse de Wesel, sur la frontière de France. Parmi les soldats de Brunswick et de Schill, plusieurs sont condamnés aux galères comme francs-tireurs et dirigés sur Toulon; il est du nombre de ces derniers.

---

(1) Ferd von Schill périt à la bataille de Stralsund le 31 mai 1809, après avoir tué de sa main le général hollandais Cateret.

Il parvient à s'échapper et retourne en Allemagne. Il y fait la rencontre d'un voyageur qui s'intéresse à son sort, lui fournit un passeport et l'emmène à Berlin...

---

## LA PRUSSE

**Berlin.** 1810. — Louis XVII entre à Berlin avec le passeport qui lui a été fourni.

Ce passeport est au nom de *Charles-Guillaume* NAÜNDORFF, *né à Weimar*.

Or, il n'existe à Weimar aucune famille du nom de Naündorff.

Un magistrat de cette ville l'atteste en ces termes :

« Il résulte d'un écrit du conseil de la ville de Weimar, du 17 décembre 1824, adressé au magistrat de Brandebourg, qu'après une recherche minutieuse dans les registres des églises du pays *le nom de Naündorff n'a pu être trouvé et que les plus anciennes familles ne se souviennent pas qu'il ait jamais existé à Weimar quelqu'un du nom de Naündorff.* »

(Plaidoirie de Jules Favre, page 33.) (1)

Conduit sous ce faux nom chez le président de la police, le Prince s'aperçoit qu'il est encore prisonnier et que le voyageur auquel il s'est confié n'est qu'un agent secret du gouvernement prussien.

Cette fois le nom de Naündorff est imposé à Louis XVII et on lui offre une subvention.

Il a le cœur trop haut pour accepter autre chose que le droit de travailler pour vivre, et, il exerce à Berlin le métier d'horloger qu'il a appris en Italie. (2)

---

(1) Les documents que nous empruntons à cette plaidoirie ont été reconnus authentiques devant la Cour d'appel de Paris. (Voir la plaidoirie de Jules Favre pour les héritiers de Naündorff, Paris 1874, Le Chevalier éditeur).

(2) Le Prince s'établit dans une maison appartenant à un tonnelier nommé *Stettin*, Schutzenstrasse, n° 52.

Dans l'ombre des chancelleries, une formidable coalition se prépare contre Napoléon...

La Prusse, qui tient l'héritier légitime de la Maison de France, prévoit tout le profit qu'elle en pourra tirer.

**Spandau**. 1812. — Mais Napoléon a aussi sa police à Berlin.

La Prusse craint bientôt d'être inquiétée au sujet de son prisonnier.

En 1812, Naündorff est obligé de quitter Berlin et d'aller se faire recevoir bourgeois à Spandau.

Or, il existe une loi prussienne, du 19 novembre 1808, ainsi conçue :

« *Nul ne peut être admis bourgeois d'une ville* SANS PRODUIRE SON ACTE DE NAISSANCE. »

Cependant Naündorff se rend à

Spandau avec ce seul certificat donné par le gouvernement :

« Nous certifions par le présent acte que *Charles-Guillaume* NAÜNDORFF, horloger pendant son séjour dans cette ville, s'est comporté en habitant paisible et régulier, et que d'ailleurs il n'existe point ici de renseignements défavorables sur son compte.

Berlin, le 2 novembre 1812,

*Le conseiller d'État royal, président de la police de Berlin,*

*Signé :* LE COQ.

Pour copie conforme :

Berlin, le 26 mai 1836.

*Signé :* WELFF.

Inspecteur de la Chancellerie au ministère de l'intérieur et de la police. »

La municipalité de Spandau obéit, et Naündorff est reçu bourgeois, *sans produire son acte de naissance.*

Voici la déclaration du magistrat

de Spandau, recueillie en 1856 par le consul prussien à Rotterdam :

« Le magistrat de Spandau déclare que, ni d'après les actes qui se trouvent à Spandau, ni d'après les autres actes judiciaires qu'il a examinés, *le sieur Naündorff n'a remis d'autres documents*, à l'occasion de son domicile à Spandau, *que l'attestation du conseiller d'État, président de la police, M. Le Coq.*

*Signé :* FRÉDÉRIC CARP. »

(Plaidoirie de Jules Favre, page 20.)

Ainsi la loi est violée.

## La première Restauration.

1814. — On lit dans la Biographie des Contemporains, par Jouy *de l'Académie française :*

« A peine l'astre impérial commençait-il à se couvrir de nuages que Talleyrand (*qui avait été ministre pendant presque toute la durée de l'Empire*) s'occupait déjà secrètement des moyens de changer la politique de l'Eupope. »

(Tome XX, page 441.)

L'équilibre européen est bouleversé...

La Prusse, à l'insu de son prisonnier, soulève le voile des mystères du Temple... Aussitôt le prince de Talleyrand, représentant secret de Louis XVIII...

Nous citons M. Duruy *de l'Académie française :*

« Aussitôt le prince de Talleyrand, vrai chef du gouvernement provisoire, signe une convention désastreuse qui réduit la France à ses frontières du 1er janvier 1792 en livrant aux alliés 58 places fortes, 12,000 bouches à feu, 30 vaisseaux et 12 frégates. (*23 avril 1814*).

Le lendemain même, Louis XVIII quitte sa résidence de *Hartwell,* près de Londres, et débarque à Calais... »

(Histoire de France par Duruy *de l'Académie française*, édition de 1879, tome II, page 652.)

Pour imposer à la France un roi dans de pareilles conditions, il fallait, au moins, que son origine ne fût pas contestée et le grand déshérité ne pouvait plus être, aux yeux des souverains alliés, qu'un moyen de pression sur Louis XVIII.

Du reste, Louis XVII perd son premier et dernier appui. L'impératrice Joséphine, victime aussi de la raison d'État, disparaît subitement.

Dans une œuvre spéciale intitulée Révélation sur l'existence de Louis XVII, Labreli de Fontaine, *bibliothécaire de la duchesse douairière d'Orléans* (1), rapporte ceci :

« L'impératrice Joséphine, en avril 1814, reçut au château de la Malmaison la visite du roi de Prusse et de l'empereur Alexandre. Joséphine les implora en faveur de Louis XVII.

Le roi de Prusse ne promit rien.

L'empereur Alexandre promit de faire des efforts pour que tout restât en France dans un état provisoire jusqu'à ce que l'on eût

(1) Mère de Louis-Philippe.

découvert le fils de Louis XVI, à qui il ferait rendre justice. (1)

Quelque secrète qu'ait été la conférence, il paraît qu'il en transpira quelque chose, car, peu de jours après, Joséphine mourut *presque subitement* et l'Europe entière, chose étonnante, nomma l'auteur de ce décès prématuré.»

(Paris 1831, page 25.)

Louis XVIII monte sur le trône.

**Les Cent jours.** 1815. — Au bout de dix mois, la France préfère à l'humiliation tranquille la gloire coûteuse.

Napoléon revient, acclamé, mais l'Europe, qu'il avait voulu tenir sous son sceptre, est coalisée contre son ambition.

---

(1) Labreli de Fontaine assure que l'article 1er des clauses secrètes du traité de Paris en 1814, stipulait que, pendant deux années, le comte de Provence régent *de fait* ne serait roi qu'*ostensiblement*.

(Page 21.)

Cent jours après le retour de la fortune, Waterloo...

Cependant le grand capitaine est encore debout :

« Qu'on me seconde, *dit-il aux Chambres*, et rien n'est perdu. »

(Mémorial de Sainte-Hélène, page 90.)

Vain espoir! Fouché, ministre de la police, amène l'abdication de l'Empereur et, *par les mêmes procédés* que Talleyrand lors de la première Restauration, pose au nom des alliés, *et au sien*, de nouvelles conditions à Louis XVIII.

## La seconde Restauration.

1815. — Les alliés sont aux portes de Paris...

Nous citons encore M. Duruy :

« La Chambre des députés avait espéré que l'on compterait avec elle; les alliés ferment la salle des séances et rétablissent Louis XVIII sur le trône.

Il fallut d'abord payer aux alliés 100 millions, puis une autre indemnité de guerre de 700 millions et encore 370 millions de réclamations particulières.

Ce n'est pas tout : 150,000 soldats étrangers restèrent pendant trois ans sur notre sol, entretenus à nos frais, pour faire la police de l'Europe, en France. »

(Histoire de France par Duruy *de l'Académie française*, tome II, page 670.)

C'est la seconde Restauration ! (1)

---

(1) On lit dans le Dictionnaire Historique de la France :

« *Talleyrand*... s'était fait autant remarquer par son habileté diplomatique que par sa profonde immoralité et ses concussions... »

(Lalanne, page 1691.)

Et dans la Biographie des Contemporains, par Jouy *de l'Académie française :*

« Le prince de *Talleyrand* rentra à Paris avec sa Majesté Louis XVIII et il reprit la direction des affaires, avec le titre de *président du Conseil*... Il donna sa démission après trois mois, ne conservant pour lui-même que deux puissances supérieures à toutes les autres : *celle de l'or* et celle de l'esprit. »

(Tome XX, page 411.)

Quant à Fouché, on lit dans le même ouvrage :

« La conduite de *Fouché* fut l'objet d'interprétations diverses. Ce ne fut qu'après la rentrée du Roi, *lorsqu'on le vit ministre de*

## Le mariage de Naündorff.

1818. — La Prusse garde Naündorff, gage inconscient de sa politique, et, selon la raison d'État, *elle abaisse ou relève son prisonnier.*

En 1814, 1815, 1816, 1817, il écrit à plusieurs membres de sa famille ; aucun d'eux n'ose lui répondre. Mais la police de Louis XVIII suscite une série de faux Louis XVII, pour cacher la vérité sous le ridicule.

En 1818, Naündorff veut se marier.

Il voyait souvent à Spandau une charmante jeune fille, *Jeanne Einert*,

---

*Louis XVIII*, que les sentiments se réunirent. On fut alors convaincu que, dans ses négociations secrètes, *sa sûreté et ses intérêts* avaient été le principal objet des stipulations. (*Fouché avait voté la mort de Louis XVI, sans appel ni sursis.*) »

(Tome VII, page 219.)

Et dans le Dictionnaire Historique de la France :

« Il y eut contre *Fouché* une telle réprobation qu'il donna sa démission, se retira à Prague et se fit naturaliser autrichien... Il mourut à Trieste, *laissant 14 millions.* »

(Lalanne, page 781.)

appartenant à une modeste famille de commerçants très estimés.

Pour l'épouser, il ne pouvait présenter aucun acte d'état civil...

Cette difficulté disparaît et le mariage s'accomplit : Louis XVIII était intervenu secrètement, dans la pensée d'élever une barrière de plus entre le trône et son neveu.

Les pièces nécessaires n'ayant pas été produites, la loi était violée pour la deuxième fois.

## Naündorff père de famille.

1820. — En 1820, Naündorff écrit au prince de Hardenberg, président du cabinet de Berlin, une lettre où il dit :

« Monsieur,

Je vous prie de me faire délivrer un passeport pour Paris...

Je n'ai nullement l'intention de troubler la tranquillité de ma patrie...

Je suis maintenant père de famille et j'ai, par conséquent, l'obligation sacrée de donner à mes enfants, au moins, mon nom véritable...

*Signé :* CHARLES-LOUIS,
DUC DE NORMANDIE. »

(Plaidoirie de Jules Favre, page 30.)

**Brandebourg.** 1822. — Par sa noble attitude, par sa ressemblance avec les Bourbons, Naündorff ayant été remarqué à Spandau reçoit l'ordre d'aller s'établir à Brandebourg.

Les rôles sont changés...

Ce n'est plus la Prusse qui craint d'être inquiétée ; satisfaite, elle veut bien tranquilliser Louis XVIII.

A Brandebourg comme à Spandau, Naündorff est reçu bourgeois, *sans produire son acte de naissance.*

La loi est encore violée.

En voici la constatation donnée par la police :

« 26 février 1822.

Sur la requête de l'horloger Naündorff, faisons savoir qu'il n'existe aucun empêchement à ce que sa demande d'être admis bourgeois de Brandebourg soit accueillie... »

(Plaidoirie de Jules Favre, page 32.)

Obligé de refaire une clientèle, le père de famille ne perd point courage.

Mais la raison d'État est là !

## La condamnation infamante.

1824. — La Prusse vient de confier à Louis XVIII une mission ingrate.

On lit dans l'Histoire de France par M. Duruy :

« Les vainqueurs de 1814 et de 1815, Autriche, Russie et Prusse, avaient formé une sainte alliance pour étouffer, *à leur commun profit*, les idées de liberté que la Révolution avait jetées dans le monde et qui fermentaient partout... le gouvernement français, qui venait d'en arrêter le retour par des lois et des supplices, reçut du congrès de Vérone en 1822, la mission d'aller les combattre en Espagne... Cette expédition sans gloire fut aussi sans profit... » (pour la France).

(Histoire de France par Duruy *de l'Académie française*, tome II, page 675.)

La Prusse va payer à Louis XVIII le service rendu aux alliés :

Naündorff habite à Brandebourg une maison contiguë au théâtre. En 1823 le théâtre brûle. La demeure de l'horloger est pillée à cette occasion, et il perd tout ce qu'il a. Néanmoins, il est arrêté sous l'inculpation d'avoir mis le feu au théâtre.

Son innocence est manifeste. Il est remis en liberté, et on prépare, pour le frapper, une autre machination.

Dans l'exercice de son métier d'horloger, il manipule l'or et l'argent. On l'arrête de nouveau, cette fois sous l'inculpation d'avoir fabriqué de la fausse monnaie.

Son innocence est encore évidente, alors le juge d'instruction lui communique ces renseignements *reçus de Weimar :*

« Il résulte d'un écrit du conseil de la ville de Weimar, du 17 décembre 1824, adressé au magistrat de Brandebourg, qu'après une recherche minutieuse dans les registres des églises du pays *le nom de Naündorff n'a pu être trouvé et que les plus anciennes familles ne se souviennent pas qu'il ait jamais existé à Weimar quelqu'un du nom de Naündorff.* »

Qui êtes-vous donc, ajoute le juge?

Devant le danger du silence, l'accusé déclare son origine, et le tribunal condamne Naündorff à trois ans de réclusion, motivant ainsi la sentence :

« Attendu que, *bien que les indices qui s'élèvent contre l'accusé Naündorff ne soient pas suffisants pour le condamner*, une condamnation devient nécessaire, *dans ce cas*, parce qu'il s'est conduit pendant le cours du procès comme un menteur impudent, se disant prince natif, *et laissant supposer qu'il appartient à l'auguste famille des Bourbons.* »

(Plaidoirie de Jules Favre, page 35.)

Voilà Naündorff frappé d'une condamnation infamante, mais la Prusse n'entend pas détruire la valeur de son gage.

Dans la maison de correction, le condamné est traité avec respect par le gouverneur de Brandebourg qui, malgré la discipline militaire, n'hésite pas à donner, plus tard, l'attestation suivante :

« Je, *soussigné*... inspecteur général de la maison de correction sise à Altstad, Brandebourg... me suis convaincu, après les épreuves et les observations les plus minutieuses, que le nommé Naündorff est un homme très honorable, moral, *et dans tout le sens du mot :* un honnête homme.

23 avril 1836.

*Signé :* BARON DE SECKENDORFF. »

(Plaidoirie de Jules Favre, page 35.)

**Crossen.** 1828. — Au sortir de la maison de correction, le royal repris de justice s'établit dans la ville de Crossen, comme à Brandebourg et à Spandau *sans produire son acte de naissance*, et, en dépit de la condamnation qu'il vient de subir, y reçoit des lettres de bourgeoisie.

En voici le texte :

« Crossen, 24 juin 1828.

Le magistrat de la ville de Crossen, certifie que l'horloger Naündorff, après avoir satisfait aux conditions requises, a été reçu, selon son désir, comme citoyen de la dite ville et qu'il a prêté aujourd'hui devant nous le serment légal.

LE MAIRE :

(*Signature illisible.*) »

(Plaidoirie de Jules Favre, page 40.)

Comment inspirer assez de confiance au public pour se créer encore une clientèle et nourrir sa famille?

Naündorff travaille sans relâche, mais il va succomber à la peine...

Alors le magistrat chargé de la haute police, le syndic Pezold, vient l'aider de sa recommandation.

Ainsi la Prusse, selon la raison d'État, *abaisse ou relève son prisonnier* (1).

**Charles X.** — A la mort de Louis XVIII, son frère le comte d'Artois

---

(1) Le syndic *Pezold* devint un défenseur et un ami du Prince. Il écrivit pour lui plusieurs fois à l'ambassade de France et à l'ambassade d'Autriche, avec pièces à l'appui.

L'ambassade de France ne répondit pas.

Un ambassadeur d'Autriche fit cette communication officielle, en date de Berlin, 18 juillet 1831 :

« L'ambassade autrichienne informe M. le syndic Pezold, en lui renvoyant les papiers ci-joints, qu'elle ne peut s'occuper de *l'affaire* à laquelle ils ont rapport. »

(Plaidoirie de Jules Favre, page 41.)

Pezold, partageant le sort de ceux qui s'occupèrent trop du Prince, mourut subitement, le 16 mars 1832.

lui avait succédé sous le nom de Charles X.

On lit dans le Dictionnaire Historique de la France par Lalanne :

« Le comte d'Artois avait marqué sa rentrée en France en signant la désastreuse convention du 23 *avril 1814*... » (1)

(Charles X, page 198.)

L'historien Rohrbacher, qui ne voulait pas croire que Naündorff fût Louis XVII, constate cependant, dans son ouvrage intitulé Histoire Universelle de l'Église, le fait suivant :

« Il régnait à cette époque, parmi les sommités du clergé et des royalistes, une étrange superstition de légitimisme. Des évêques, des aumôniers du Roi, des nobles illustres, regardaient Charles X comme un usurpateur; tel de ses chapelains, que nous avons connu, ne le nommait plus dans le

(1) Voir page 62, à la première Restauration.

canon de la messe. L'évêque Tharin, précepteur du duc de Bordeaux, passait pour être dans les mêmes sentiments. » [1]

(3e édition, tome XXII, page 370.)

Charles X fut aussi injuste pour Naündorff que l'avait été Louis XVIII, et il réussit également à l'empêcher de quitter la Prusse.

L'impopularité de Charles X devenant extrême, il cherche un appui dans la réaction et son garde des sceaux, *Chantelauze,* lui fait signer les ordonnances de juillet :

« Les trop célèbres ordonnances du 26 juillet 1830, qui prononcent la dissolution de la Chambre, suspendent la liberté de la presse, changent complètement la loi d'élection... »

(Histoire de France par Magin, 5e édition, page 293.)

---

(1) Mgr Tharin résigna ses fonctions de précepteur du duc de Bordeaux qui reçut le titre de comte de Chambord.

**Louis-Philippe Ier.** 1830. — La révolution du 29 juillet 1830 renverse Charles X. C'est un prince pensionné sous l'Empire par l'Angleterre, réintégré dans tous ses biens par Louis XVIII, comblé de faveurs par Charles X, qui vient supplanter la branche aînée des Bourbons.

On lit dans l'Histoire de France :

« La chambre des députés élève au trône le chef de la branche cadette des Bourbons, le duc d'Orléans, qui prend le nom de Louis-Philippe Ier.

La France salue d'acclamations à peu près unanimes *cette séparation d'avec les hommes de 1815*...

Il faut cependant constater que le droit, violé d'abord par la Royauté, l'avait été ensuite par la Chambre, puisque les députés avaient disposé de la couronne et refait la constitution sans mandat du pays... »

(Histoire de France, par Duruy *de l'Académie française*, tome II, page 679.)

**Naündorff libre**. — La branche d'Orléans étant montée sur le trône, Naündorff n'est plus qu'un embarras pour la Prusse.

Devenu libre, il laisse à ses enfants ce qu'il a gagné par son travail et se dirige vers Paris.

---

## PARIS

**1833**. — Le 26 mai 1833, l'héritier légitime de soixante-six rois de France, après quarante années d'infortunes, seul, sans ressources, arrive à Paris.

« Il n'a nullement l'intention de troubler la tranquillité de sa patrie...

Père de famille, il a l'obligation sacrée de donner à ses enfants, au moins, son nom véritable. »

En attendant, il n'a point d'asile...

Un ouvrier vient à son aide et lui donne l'hospitalité [1].

C'est le peuple qui accueille le grand déshérité !

---

(1) Dans une masure du quartier de Ménilmontant.

**Le témoignage de Mme de Rambaud**. 1834. — Le Prince se met à la recherche des anciens serviteurs de sa famille [1].

Il retrouve bientôt la respectable Mme de Rambaud qui signe cette affirmation :

« 15 décembre 1834.

Dans le cas où je viendrais à mourir avant la reconnaissance du prince fils de Louis XVI et de Marie-Antoinette, je crois devoir affirmer ici par serment, devant Dieu et devant les hommes, que j'ai retrouvé, le 17 août 1833, Monseigneur *le duc de Normandie* auquel j'eus l'honneur d'être attachée depuis le jour de sa naissance jusqu'au 10 août 1792, et, comme il était de mon devoir d'en donner connaissance à S. A. R. Mme la duchesse d'Angoulême, je lui écrivis dans le courant de la même année... [2]

---

(1) Plusieurs le reconnurent ; nous ne parlerons que des principaux.

(2) Le vicomte de Larochefoucauld constate ce fait dans ses Mémoires et il reproduit la lettre (tome V page 149.)

Les remarques que j'avais faites dans son enfance, *sur sa personne*, ne pouvaient me laisser aucun doute sur son identité partout où je l'eusse retrouvé...

Enfin, j'avais conservé, comme une chose d'un grand prix pour moi, *un habit bleu* que le Prince n'avait porté qu'une fois à Versailles. Je le lui présentai en lui disant, pour voir s'il se tromperait, qu'il l'avait porté à Paris : — *non Madame,* — répondit-il — *je ne l'ai porté qu'à Versailles à telle époque...* — [1]

*Signé :* VEUVE DE RAMBAUD. »

(Déposition renouvelée, sous la foi du serment, devant le juge d'instruction du tribunal du Mans, en 1837.)

**Le témoignage de M. Marco de Saint-Hilaire.** 1834. — M. Marco de Saint-Hilaire exprime en ces termes la même certitude :

« Versailles, 17 décembre 1834.

Je soussigné, Marco de Saint-Hilaire âgé de 76 ans, ancien huissier ordinaire de la

---

[1] Une moitié de cet habit bleu a été envoyée en 1835 par Mme de Rambaud à la duchesse d'Angoulême.

L'autre moitié est entre les mains d'un des fils de Louis XVII : le prince *Adelberth*.

chambre du roi Louis XVI, servant près de S. A. R. Mme Victoire de France;

Déclare et certifie devant Dieu et devant les hommes :

Que le prince Charles-Louis, *duc de Normandie,* est existant et que, *depuis seize mois* que je l'ai vu habituellement, j'ai été à même de m'en convaincre...

*Signé :* MARCO DE SAINT-HILAIRE. »

(Déposition renouvelée, sous la foi du serment, devant le juge d'instruction du tribunal du Mans, en 1837.)

**Le témoignage de Mme Marco de Saint-Hilaire.** — Une des femmes les plus instruites de son temps, Mme Marco de Saint-Hilaire, anciennement de la maison de Mme Victoire de France, tante de Louis XVI, et ensuite de la maison de l'impératrice Joséphine, donne aussi, par écrit, ce témoignage de sa conviction :

« Mme de Rambaud reconnut le Prince, lui parla de nous et me présenta à lui, le 19 août 1833...

Après l'examen le plus scrupuleux, *je ne pus douter un seul instant de la vérité tout entière,* c'est alors que je crus devoir écrire à Mme la Dauphine, pour la prévenir que nous avions eu le bonheur de retrouver son frère.

Notre famille était trop connue de Charles X pour risquer une démarche semblable, si nous n'avions pas été persuadés, M. de Saint-Hilaire et moi, de la vérité que j'attestais.

*Signé :* F. MARCO DE SAINT-HILAIRE. »

(Déposition renouvelée, sous la foi du serment, devant le juge d'instruction du tribunal du Mans, en 1837.)

**Le témoignage de M. de Brémond.** — M. de Brémond, ancien secrétaire de Louis XVI, n'hésite pas non plus à reconnaître le Prince et il expose les raisons de sa conviction, sous la foi du serment, devant le tribunal civil de Vevey.

Sa déposition, requise par une lettre du département de justice du canton de Vaud en date du 14 octobre 1837, conformément à une commission rogatoire du parquet de Paris en date du 12 août précédent, relate principalement des faits que nous avons indiqués.

Nous nous bornons à citer une partie de la réponse de l'ancien secrétaire de Louis XVI au président du tribunal sur la question d'identité :

« *J'ai reconnu le Prince*, en particulier en ce qu'il connaissait la cachette faite par son père dans le palais des Tuileries, cachette que *lui seul* pouvait connaître comme ayant été *seul* présent lorsque son père l'a fermée...

J'avais eu connaissance de la cachette des Tuileries par Sa Majesté le roi Louis XVI... »

(Déposition de M. de Brémond devant le tribunal de Vevey en 1837.)

**Le témoignage de M. de Joly.** — Les anciens serviteurs de la famille royale ne furent pas seuls à reconnaître le Prince :

M. de Joly, dernier ministre de la justice sous Louis XVI, put aussi se convaincre de l'identité de Naündorff avec Louis XVII. Nous en donnons pour preuve l'aveu même d'un ennemi, M. Thomas, inspecteur général de l'approvisionnement des combustibles de la ville de Paris sous Louis-Philippe.

M. Thomas écrit ceci dans un pamphlet contre Naündorff :

« Le moment est venu de donner sur M. Naündorff et sur ceux qui l'entourent les détails que j'eus l'occasion de recueillir, soit dans le petit nombre de visites que je lui fis *dans l'intention de protéger mon fils contre ses pièges*, soit dans les rapports que les intérêts de ce même fils, *gravement compromis*, me forcèrent d'avoir avec quelques-uns des principaux agents de cette intrigue et avec les personnes qu'ils ont trompées.

M. de Joly est un ancien ministre de Louis XVI... Je n'eus qu'une seule fois l'occasion de le voir. *Il paraît croire de bonne foi à M. Naündorff.* »

(Naündorff, ou Mémoires à consulter sur l'intrigue du dernier des faux Louis XVII, par Thomas. Paris, Dentu, 1837, page 143.)

## L'incident en Cour d'assises.

1834. — En 1834, un certain baron de Richemont, qui s'était dit le fils de Louis XVI, est arrêté et conduit en Cour d'assises.

A l'ouverture de l'audience, un incident se produit ; en voici le compte-rendu, d'après la *Gazette Judiciaire* de l'époque :

« M. LE PRÉSIDENT. — L'audience est ouverte.

*Un individu dans l'audience.* — M. le président, j'ai une déclaration à faire qui intéresse la justice et MM. les jurés.

M. LE PRÉSIDENT. — Qui êtes-vous ?

*L'individu.* — Je m'appelle *Morel de Saint-Didier* et je suis porteur d'une lettre pour MM. les jurés *écrite par le véritable Charles-Louis de Bourbon,* fils de Louis XVI...

M. LE PRÉSIDENT. — Où est votre lettre ?

*M. de Saint-Didier.* — Je suis chargé par celui qu'en conscience je considère comme le véritable duc de Normandie, de remettre cette lettre à M. le chef du jury.

M. le Président. — M. le chef du jury ne peut rien connaître ; passez-moi la lettre.

M. le Président *ordonne qu'il soit dressé du tout procès-verbal.*

*M. de Saint-Didier.* — Je déclare que le Prince se propose de réclamer son droit par les voies judiciaires...

M. le Président. — *C'est bien, quand il viendra on examinera.* »

Le premier paragraphe de la lettre du Prince aux jurés était ainsi conçu :

« Paris, 28 octobre 1834.

Messieurs,

Si je suis bien informé, le procès intenté au baron de Richemont n'aurait été conçu que dans le but de rendre absurde toute prétention à la qualité de Dauphin du Temple, *qualité que le véritable fils de Louis XVI ne cessera de réclamer toute sa vie...*

*Signé :* Charles-Louis duc de Normandie. »

(Cette lettre est citée *in extenso* dans les Mémoires de Larochefoucauld, tome V, page 188.)

Ceci est caractéristique :

On juge en Cour d'assises un faux Louis XVII auquel on applique les rigueurs de la loi : douze ans de réclusion (1); or, voici un autre homme qui se dit aussi le fils de Louis XVI en présence du même tribunal, et on n'ose pas le poursuivre !

**Une tentative d'assassinat.** 1834. — On ne poursuit pas le vrai prince au grand jour. On cherche à le faire assassiner dans l'ombre.

Le vicomte de Larochefoucauld, chargé par la duchesse d'Angoulême de se tenir au courant de la vie de Naündorff, constate une tentative d'assassinat dont il rend compte ainsi dans ses Mémoires :

« On vint me prévenir le 29 janvier 1834,

(1) Le baron de Richemont a subi sa peine à Paris, dans les cafés et restaurants.

en toute hâte, que *le personnage* avait été atteint, la veille, à 8 heures du soir, de plusieurs coups de poignard...

Je m'y rendis le lendemain et j'examinai le tout avec le plus grand soin : *je voulais voir, et je vis la plaie et tous les habits percés de plusieurs coups; tous les linges baignés de sang...* »

(Mémoires de Larochefoucauld, tome V, page 170.)

Voir ci-après, page 129.

**L'expulsion**. 1836. — Lorsque, confiant dans la parole du président de la Cour d'assises qui avait dit : « *C'est bien, quand il viendra on examinera* », le Prince s'adresse à la Justice par une assignation régulière, la juridiction est méconnue, la loi violée, et il est conduit en prison.

Alors il écrit au roi Louis-Philippe une lettre où nous relevons ces mots :

« Paris, 26 juin 1836.

Sire,

..... Que Vous ai-je demandé ? Rien que d'invoquer la Justice...

Depuis 1814, je n'ai cessé d'invoquer la justice de ma propre famille... et vainement!

Depuis 1831, je me suis adressé spécialement à Vous... si Vous n'êtes pas complice des persécutions qu'on me fait souffrir, rendez-moi ma liberté...

Les tribunaux sont saisis...

Un roi, s'il est juste, ne doit pas arrêter le cours de la Justice...

*Signé :* CHARLES-LOUIS DUC DE NORMANDIE. »

Louis-Philippe, redoutant l'émotion populaire que le nom d'une grande victime peut susciter, demande à la Prusse de déclarer officiellement que Naündorff est allemand, mais la Prusse, qui n'a pas de complaisances inutiles, se borne à cette dépêche signée par le comte de Rochow ministre de l'intérieur :

« 13 juillet 1836.

Où le dit Naündorff, avant son arrivée à Berlin a-t-il résidé?

D'où est-il venu ?

Quels étaient ses papiers constatant la famille à laquelle il appartient?

*Il a été impossible de se procurer des renseignements à cet égard;* aussi les journaux du bureau des étrangers ne contiennent aucune notice sur lui. Cependant le propriétaire chez lequel il a résidé à Berlin, le tonnelier *Stettin*, Schutzenstrasse, n° 52, semble pouvoir se souvenir que Naündorff avait d'abord logé dans un hôtel. »

(Plaidoirie de Jules Favre, page 31.)

Ainsi la Prusse se débarrasse sur Louis-Philippe, qui signe cet arrêté :

« Notre conseil d'État entendu;

Nous avons ordonné et ordonnons ce qui suit :

*La requête du sieur Naündorff est rejetée.* »

## LONDRES

**Camberwell.** 1836. — Expulsé de France, le Prince se fixe à Londres dans le district de *Camberwell.*

Sa famille le rejoint et reste avec lui en Angleterre, pendant huit années.

Il ne cache pas son origine.

Il porte publiquement le titre de *duc de Normandie.*

Mais il réclame en vain l'autorisation de paraître devant la justice française qui condamne les faux Louis XVII.

**Naissance d'Adelberth.** 1840.— Son quatrième fils, le prince Adelberth, né le 26 avril 1840, est inscrit à la municipalité de *Camberwell* comme « prince de France, *fils de S. A. R. Charles-Louis duc de Normandie*... et de Jeanne Einert son épouse... »

**Le témoignage de la marquise de Broglio-Solari.** 1840. — Quelques mois après la naissance du prince Adelberth, la femme d'un ancien ministre plénipotentiaire de la République de Venise, personne des plus distinguées, dans une haute situation, et anciennement intime amie de Marie-Antoinette, dépose ainsi devant notaire :

« *Aujourd'hui, le 6 juillet 1840, par devant Me John Sise Venn, notaire public à Londres, et les deux témoins soussignés qui ont attesté l'identité de la comparante, fut présente Mme Catharine Hyde, marquise de Broglio-*

*Solari, laquelle a déclaré solennellement comme suit, savoir :*

Moi, *Catharine Hyde*, marquise de Broglio-Solari, anciennement attachée au service de S. M. Marie-Antoinette, et connue sous le nom de la petite anglaise, je déclare ce qui suit :

1° Que me trouvant à Bruxelles avec mon mari le marquis de Broglio-Solari, *ministre de la République de Venise*, pendant l'hiver de 1803, nous fûmes invités à dîner chez Barras un des ex-Directeurs de la république française ;

Bonaparte étant devenu le sujet de la conversation entre mon mari et Barras, ce dernier, un peu échauffé par le vin, s'écria : — Il ne réussira pas dans ses projets ambitieux, *car le fils de Louis XVI existe;* —

2° Que mon mari et moi nous étions présents à la vente que fit cet ex-Directeur au général Moreau de la terre de Grosbois *anciennement appartenant au comte de Provence*, fait que je cite ici comme une preuve de l'intimité de Barras avec mon mari, qu'il appela à signer au dit contrat de vente ;

3° Qu'ayant passé quelque temps avec Hortense reine de Hollande, à Augsbourg

vers l'année de 1819 à 1820, elle me confirma dans plusieurs conversations l'évasion du Dauphin du Temple, et qu'entre autres choses elle me dit que, lorsque l'empereur Alexandre et le roi de Prusse allèrent visiter Joséphine, ils lui dirent : — *Qui mettrons-nous sur le trône de France ?* — Et Joséphine leur répondit : — *Naturellement le fils de Louis XVI ;* —

4° Qu'ayant appris à Londres qu'un personnage, demeurant à *Camberwell*, se disait être le fils de Louis XVI, je sollicitai une audience et, l'ayant obtenue, j'acquis la ferme et parfaite conviction, par les faits qui sont venus à ma connaissance et par les preuves que son Altesse Royale m'a données, que lui, Charles-Louis duc de Normandie, *autrefois connu sous le nom de Naündorff*, est le véritable fils de Louis XVI et de Marie-Antoinette.

Je m'empresse donc d'offrir à Son Altesse Royale cette présente déclaration, affirmant devant Dieu et devant les hommes que tout ce qu'elle contient est l'exacte vérité.

En foi de quoi j'ai signé :

*Catharine Hyde.*

MARQUISE DE BROGLIO-SOLARI,

*native d'Angleterre.*

*La dite dame comparante et déclarante, ayant signé sa dite déclaration en présence de moi notaire et des témoins, les dits témoins ont signé cet acte avec moi notaire, les jour, mois et an ci-dessus écrits, pour servir et valoir ce que de droit.*

*Quod attestor :*

JOHN SISE VENN, notaire public.

Les témoins ont signé :

CHARLES DE COSSON,
35, Great Portland street, Londres.
CHABRON DE JUSSAC, 8, Camberwell Green.

*Vu par nous, consul de France, pour la légalisation de la signature de M. John Sise Venn, notaire public à Londres, appelé ci-dessus.*

*Londres, le* 6 *juillet* 1840.

DURAND SAINT-ANDRÉ.

*Par M. le Consul général,*

GAUTHIER, chancelier. »

**Le passeport pour la Hollande.** 1845. — Le Prince, travaillant toujours sans relâche, se livre à des études sur l'artillerie.

Le gouvernement anglais l'autorise à faire des expériences à *Wolwich*, et il découvre des procédés nouveaux qu'il offre à la France. Le gouvernement français les refuse.

Obligé bientôt d'utiliser ses découvertes, il se met en rapport avec le consul des Pays-Bas à Londres qui lui délivre un passeport pour la Hollande, sous son nom véritable : *Charles-Louis* DE BOURBON *duc de Normandie*.

---

## LA HOLLANDE

**Rotterdam.** 1845. — Louis XVII débarque à Rotterdam, non sans difficultés, et le gouvernement hollandais traite avec lui sous le seul nom de : *Charles-Louis*.

Un des plus célèbres jurisconsultes de la Hollande, M[e] van Buren, dit, à ce sujet, dans une déposition devant la Justice :

« La situation de l'Europe rendait, pour le gouvernement hollandais, une entière reconnaissance de l'origine du Prince tout aussi difficile qu'il était impossible de la nier. »

(Déclaration écrite de M[e] van Buren.)

**Delft.** 1845. — Le Prince reçoit l'autorisation de faire des expériences d'artillerie à Delft.

Les ministres de la guerre et de la marine apprécient l'importance de ses découvertes (1); et, au moment où il va en recueillir les fruits, il meurt subitement, le 10 août 1845.

Trois médecins, envoyés par l'autorité, constatent sur le corps du défunt, dans un procès-verbal authentique, *les signes particuliers* qui avaient été remarqués sur le corps du Dauphin. (2)

---

(1) On se sert encore aux Indes Hollandaises d'une bombe qui s'appelle : *la bombe Bourbon*.

(2) Les signes particuliers du Dauphin étaient notamment une marque *dite du St-Esprit* sur la jambe gauche, et une cicatrice *triangulaire* au bras gauche, cicatrice provenant d'une vaccination faite avec un outil spécial commandé par Marie-Antoinette.

Les médecins, chargés de la constatation, étaient :

1° L.-P. Snabilié, 1er officier de santé de la 2me classe, chevalier de l'ordre militaire de Guillaume ;

2° J.-G. Kloppert, officier de santé de la 2me classe ;

3° J. Soutendam, docteur médecin à Delft.

Ce procès-verbal, dressé en présence du major d'artillerie van Meurs *(qui fut depuis ministre de la guerre)*, est placé au rang des minutes de Me Scholten, notaire à Delft.

**L'acte de décès de 1845.** — L'acte de décès de Louis XVII est dressé par ordre du gouvernement hollandais.

En voici la traduction, faite à Paris, par M. le consul actuel des Pays-Bas, dont nous avons fait légaliser la signature :

« CONSULAT DES PAYS-BAS — *Traduction*

—

*Province :* Hollande méridionale. — *Ville :* Delft.

—

ÉTAT-CIVIL

*Extrait du registre des actes de décès tenu dans la ville de Delft.*

*L'an 1845*, le 10 août, est décédé :

Charles-Louis de Bourbon, duc de Normandie, *Louis le dix-sept*, ayant été connu sous les noms de Charles-Guillaume *Naündorff*;

Né au château de Versailles en France le vingt-sept mars dix-sept-cent-quatre-vingt-cinq, et ainsi âgé de plus de soixante ans;

Demeurant dans cette ville;

Fils de feu Sa Majesté Louis le seize roi de France, et de son Altesse Impériale et Royale Marie-Antoinette archi-duchesse d'Autriche reine de France, tous deux décédés à Paris;

Époux de madame la duchesse de Normandie, née Jeanne *Einert*, demeurant ici.

*Délivré pour extrait par nous, van Berkel, officier de l'état-civil de la ville de Delft, ce jourd'hui le* 27 *août* 1845.

*Signé :* VAN BERKEL.

POUR TRADUCTION CONFORME A L'ORIGINAL :

Paris, le 22 juillet 1884.

*Le consul des Pays-Bas,*
*Signé :* VAN LIER.

RÉPUBLIQUE FRANÇAISE. — *Le ministre des affaires étrangères certifie véritable la signature de M. van Lier.*

Paris, le 4 août 1884.

*Pour le Ministre :*

Pour le chef de bureau délégué,

*Signé :* M. BOULLAY. »

Enregistré à Paris, 2e bureau, le 12 novembre 1884, folio 84.

SURVIVANCE

**Les enfants de Louis XVII.** — De son mariage avec Jeanne Einert Louis XVII eut neuf enfants dont cinq fils et quatre filles, tous ressemblant à quelque membre de la famille de Bourbon ou à Marie-Antoinette [1].

Trois de ses fils sont morts : *Édouard, Edmond, Emmanuel.*

Deux sont vivants :

*Charles*, né en 1831;

*Adelberth*, né en 1840.

Madame la duchesse de Normandie, aujourd'hui âgée de 84 ans, habite à Teteringen près la ville de Bréda.

---

(1) On trouve le portrait des enfants de Louis XVII à la photographie Penabert, passage du Havre à Paris.

**1848**. — La révolution du 25 février 1848 ayant renversé le roi Louis-Philippe, les enfants de Louis XVII présentent devant le tribunal civil de la Seine une demande en rectification d'état civil.

**Le jugement de 1851**. — L'affaire arrive dans un mauvais moment.

Le gouvernement de la République pense à restaurer l'Empire.

Le Tribunal déboute les demandeurs, motivant ainsi son jugement :

« Attendu qu'il est constant, en fait, que depuis le 10 août 1792 jusqu'au 9 thermidor 1794, la surveillance du Temple a été l'objet des précautions les plus minutieuses et que, depuis le 9 thermidor, la vigilance de ces précautions n'a pas diminué ;

Attendu que l'acte de décès du fils de Louis XVI, du 12 juin 1795, et le procès-verbal de son autopsie ont été environnés d'une publicité incontestable qui ne permet pas d'admettre une substitution de personne... »

(Jugement du 5 juin 1851.)
Voir la *Gazette des Tribunaux* du 7 juin 1851.

**L'acte de notoriété**. 1863. — En 1863, le prince Adelberth, désirant entrer dans l'armée de la seule nation qui ait reconnu l'identité de son père et, ne pouvant être nommé officier à cause de sa qualité d'étranger, demande à être naturalisé hollandais.

En conséquence, il présente son acte de naissance, mais le ministre de la justice, *vu les titres énoncés dans cette pièce*, croit devoir la remplacer par un acte de notoriété ne portant point de titres.

Voici la traduction de cet acte de notoriété, traduction faite à Paris par M. le consul actuel des Pays-Bas, dont nous avons fait légaliser la signature, comme pour l'acte de décès :

« CONSULAT DES PAYS-BAS. *Traduction.*

ACTE DE NOTORIÉTÉ.

Ce jourd'hui, le 6 juin 1863, à onze heures et demie du matin,

Ont comparu devant nous Mᵉ Charles-Auguste van Dam, *juge suppléant de canton*, à Bréda, province du Brabant septentrional, *assisté du greffier* Mᵉ Henri-Antoine-Daniel van der Meer,

Messieurs :

1° Le docteur Henri Naëgeli, *premier officier de santé de première classe*, ayant rang d'inspecteur en retraite ;

2° Léonard van den Tol, *capitaine-adjudant à l'Académie royale militaire;*

3° Jean-Chrétien-Jacques Kempers, *capitaine d'infanterie à ladite Académie;*

4° Jean-Pierre Kempers, *capitaine d'artillerie;*

Tous demeurant à Bréda,

Lesquels ont déclaré bien savoir :

Qu'*Adelberth de Bourbon*, sergent au 6e régiment d'infanterie, est né en Angleterre, district *Camberwell*, comté *Surrey*, le 26 avril 1840, et que ses parents sont : *Charles-Louis de Bourbon* décédé à Delft le 10 août mil huit cent quarante-cinq, et *Madame Jeanne Einert* son épouse.

En foi de quoi le présent acte a été dressé, lequel après avoir été lu aux comparants a été signé par eux avec nous et le greffier.

Fait à Bréda le jour mentionné ci-dessus,

*Signé :* Dr NAËGELI, VAN DEN TOL, J.-C.-J. KEMPERS, KEMPERS, C.-A. VAN DAM, H. VAN DER MEER.

No 1131. Enregistré à Bréda, le 6 juin 1863, volume 21, folio 166.

*Le Receveur,*
*Signé :* PELS RYCKEN.

Pour extrait conforme :

*Le greffier,*
*Signé :* G. SIX.

POUR TRADUCTION CONFORME A L'ORIGINAL

Paris, le 26 juillet 1884.

*Le consul des Pays-Bas,*
*Signé :* VAN LIER.

RÉPUBLIQUE FRANÇAISE. — *Le ministre des affaires étrangères certifie véritable la signature de M. van Lier.*

Paris, le 4 août 1881.

*Pour le Ministre :*

Pour le chef de bureau délégué,

*Signé :* M. BOULLAY. »

Enregistré à Paris, 2e bureau, le 12 novembre 1884, folio 82.

**La naturalisation.** — En 1863, la législation internationale ne permettait pas encore de naturaliser un anglais. Or, le prince Adelberth étant né en Angleterre, il s'agit d'établir qu'il n'est pas anglais, *ou plutôt que son père n'a jamais perdu sa qualité de français.*

La question occupe trois séances des États-Généraux.

M. Heemskerk (*aujourd'hui président du conseil des ministres*), prend part à la discussion.

On lit dans le compte-rendu officiel :

« M. HŒCKWATER, *rapporteur de la commission.* — Adelberth de Bourbon a remis un acte de notoriété...

Il est assez généralement connu que *son père était français*, lequel, après avoir été fixé dans divers pays, est mort à Delft en 1845, *sans avoir jamais perdu sa qualité de français*...

M. HEEMSKERK. — On objecte des difficultés contre la naturalisation d'*Adelberth de Bourbon.*

La première question est de savoir si Adelberth de Bourbon est anglais. On a dit que le requérant descendait de parents français... Ici nous touchons à une question *historique* que je ne traiterai pas. *Je dirai seulement que la proposition que le père* Charles-Louis de Bourbon *était français est identique avec la proposition qu'il était Louis XVII.*

La seconde remarque est que l'acte de notoriété ne suffit pas aux exigences de la loi... L'article 6 de la loi de 1850 demande que le requérant présente *son acte de naissance*...

S'il m'était possible d'éluder la première difficulté, il me resterait la seconde...

Je voudrais que le ministre pût résoudre ces difficultés.

M. OLIVIER, *ministre de la justice*. — Je ne nie pas que cette question n'ait ses difficultés particulières... La véritable doctrine est, je crois, que les enfants légitimes, n'importe où ils naissent, appartiennent à l'État auquel appartiennent leurs parents au moment de leur naissance. Mon sentiment est donc que d'après la loi anglaise l'homme dont il s'agit dans ce cas n'est pas sujet britannique.

M. LE BARON VAN GOLSTEIN. — Je crois avoir le droit, suivant l'article 6 de la loi sur la nationalité néerlandaise en rapport avec le droit anglais, de dire : *présentez-nous l'acte de naissance* ; la personne à naturaliser ne peut en être dispensée que dans le cas où elle pourrait établir qu'un tel acte n'existe pas ; et l'on ne nous a rien communiqué de pareil...

*La Chambre doit savoir ce qu'elle fait.*

Il me faut donc m'opposer à ce projet de loi.

M. VAN ECK. — Cependant l'acte de naissance ne fait pas défaut, mais on y reconnaît *des titres* que nous ne pouvons pas insérer ici dans des pièces officielles.

M. LE MINISTRE *présente l'acte de naissance.*

M. HEEMSKERK. — Je voterai maintenant pour le projet de loi, parce que j'ai vu l'acte de naissance.

*Le projet de loi en vue de conférer la qualité de hollandais à Adelberth de Bourbon est voté à la majorité de* **49** VOIX CONTRE **3**. 22 décembre 1863. » (1)

La Chambre, adoptant les conclusions du rapporteur de sa commission, a reconnu que le père du requérant *n'avait jamais perdu sa qualité de français,* et, comme l'a fait remarquer M. Heemskerk, *la proposition que le père était français est identique avec la proposition qu'il était Louis XVII.*

La Chambre a consacré trois séances à

(1) L'extrait ci-dessus du procès-verbal officiel est le même que celui reproduit dans la brochure : LE ROI MORT QUI VIT, par le comte de Duranti. (*Paris 1884, E. Voreaux, libraire, 14, rue Chauveau-Lagarde*).

Voir la lettre récente de M. Heemskerk, président actuel du cabinet de La Haye, ci-après page 136.

traiter cette question : *Elle savait ce qu'elle faisait* (1).

Qui pourrait croire que les États-Généraux de Hollande auraient consenti à naturaliser, sous le nom de Bourbon, le fils d'un imposteur pour lui offrir un brevet d'officier dans les armées du Roi ?

**Le mariage du prince Adelberth.** 1865. — Le prince Adelberth a épousé *Mlle du Quesne*, de la famille d'un français dont il est dit dans le Dictionnaire Historique de la France :

« *Duquesne*... le plus grand homme de mer peut-être produit par la France... A la suite de ses glorieux succès, il reçut de Louis XIV la terre du Bouschet qui fut érigée pour lui en marquisat. » (Page 685.)

« *Quesne* (Le)... Par lettres de février 1682,

(1) La Chambre ne s'en est pas tenue à l'acte de naissance du Prince Adelberth ; elle lui a reconnu, en plus, le nom de Bourbon qui ne figurait pas dans cet acte.

la baronnie du Bouschet et la seigneurie de Valgrand, dans le Gâtinais français, furent unies et érigées en marquisat, sous le nom de *du Quesne*, en faveur du célèbre *Duquesne.* »

(Page 1515.)

Voici un extrait de l'acte de mariage :

« Ce jourd'hui, 23 février 1865, ont comparu devant nous magistrat de la ville d'Utrecht, soussigné... afin d'entrer dans les liens du mariage :

Adelberth *de Bourbon*, lieutenant en second au 1er régiment d'infanterie, né au district de *Camberwell*, comté de *Surrey*, âgé de 24 ans, *fils de Charles-Louis de Bourbon* mort à Delft le 10 août 1845, et de sa veuve Jeanne Einert...

Et Marie *du Quesne*... fille majeure de maître Jean-Philippe du Quesne... et de son épouse Jeanne Haack...

Les quatre témoins sont :

Le chevalier maître Henri Hœufft van Velzen, *chambellan du Roi et membre des États-Généraux ;*

Philippe du Quesne... *frère de la fiancée;*

Georges-Gérard Staring, *lieutenant-colonel d'infanterie;*

Adrien Ophorst van Duyn, *major d'infanterie.* »

**1870**. — La révolution du 4 septembre 1870 ayant renversé le second empire, les enfants de Louis XVII s'adressent de nouveau à la Justice, dans l'espérance de faire réformer par la Cour d'appel de Paris le jugement de 1851.

**L'arrêt de 1874**. — Le moment est encore mal choisi.

Le gouvernement de la République pense à restaurer la Monarchie, en la personne du comte de Chambord.

La Cour d'appel confirme la sentence des premiers juges.

M. Chantelauze nous apprend que la justice est allée chercher la lumière *aux mêmes sources que lui.* Il dit dans l'Introduction de son livre :

« Jusqu'à présent, les historiens de Louis XVII n'avaient eu connaissance que des deux enquêtes ordonnées par Louis XVIII; l'une, afin de découvrir, dans le cimetière, les restes de son royal neveu, l'autre, afin de constater l'authenticité du cœur du jeune prince... [1]

Il en est une autre bien plus importante... ce fut l'enquête confiée par le Roi, après la seconde Restauration, au comte Decazes ministre de la police générale, *afin de récompenser tous les nobles cœurs* qui, de près ou de loin, avaient fait preuve de dévoûment envers les augustes prisonniers du Temple...

La police retrouva *Gomin*... Madame Royale obtint qu'il l'accompagnât à Vienne...
*La princesse le fit asseoir à ses côtés dans sa voiture...*

La découverte d'*Étienne Lasne*... suivit de

[1] Ces enquêtes sont demeurées sans résultat.

près celle de Gomin... Les agents du comte Decazes font de lui le plus grand éloge... *Le comte Decazes le proposa pour la décoration de la Légion d'Honneur.* (1)

Après la chute des Bourbons, tous les procès-verbaux de cette enquête furent versés aux Archives, et aucun historien, depuis lors, n'avait eu la bonne fortune de les y retrouver. *Seul, un magistrat chargé*, en 1874, *de l'instruction d'un procès célèbre* (le procès Naündorff) *avait pu y jeter les yeux...*

Je fus mis en présence de tous ces documents. »

(Chantelauze, Introduction, pages 2, 3, 4, 5 et 13.)

De même que M. Chantelauze, la Justice aurait donc été réduite à aller chercher dans les procès-verbaux de la police de Louis XVIII ses arguments contre les enfants de Louis XVII?

Or, Peuchet, archiviste de la préfecture

(1) Les anciens gardiens de Louis XVII, *Gomin* et *Lasne*, qui n'avaient pas les scrupules de l'honnête Laurent, furent comblés de faveurs.

de police *sous la Restauration*, stigmatise en ces termes la police de Louis XVIII :

« J'oubliais parmi les grâces royales en 1823, le don d'une somme de 900,000 francs qui fut accordée à M. Decazes...

La police, sous Decazes, ne se releva pas du mépris où elle était tombée pendant les dernières années de l'Empire. »

(Mémoires tirés des archives de la police de Paris, par Peuchet, archiviste de la police, édition de 1838, tome V, page 81.)

**L'acte du 14 novembre 1883.** — Le 14 novembre 1883, l'aîné des fils de Louis XVII, marié et sans enfants, a cédé ses droits à son frère Adelberth. (1)

---

(1) Lorsque les évêques et les barons, représentants de la France féodale, décernèrent la couronne à Hugues Capet et à sa lignée masculine par ordre de primogéniture, l'Église intervenant, seule, dans le mariage, le mot *légitimité* avait un sens exclusivement canonique.

Bientôt, dans la pratique, le consentement royal devint nécessaire pour la validité du mariage au point de vue dynastique et cette interprétation nouvelle de la légitimité, appliquée par Louis XI, solennellement reconnue par François Ier, s'éleva, par l'avènement de Henri IV, au-dessus du droit de primogéniture.

Voici l'acte de cession :

« Nous, *Louis-Charles de Bourbon*, né le 11 mars 1831, à Crossen (*Prusse*),

Déclarons par les présentes :

Que nous *Louis-Charles de Bourbon*, après le décès de nos plus jeunes frères Charles-Edmond (1) et Ange-Emmanuel, autorisons notre seul frère encore survivant *Adelberth de Bourbon* capitaine d'infanterie dans l'armée néerlandaise, présentement en garnison à Bergen-op-Zoom, à intervenir et à agir, tant pour nous *Louis-Charles de Bourbon* que pour lui-même, dans toutes les actions judiciaires et autres tendant à la revendication des droits et héritages qui nous reviennent du chef de notre père Charles-Louis duc de Normandie et de nos aïeuls : S. M. Louis XVI, roi de France et son épouse Marie-Antoinette d'Autriche.

Avec cette autorisation, à et en faveur de notre susdit frère encore seul survivant, *Adelberth de Bourbon*, faisons en même temps cession de tous nos droits, *de quelque nature*

---

(1) Marié malgré l'opposition formelle du chef de la famille.

*qu'ils soient*, qui résulteraient ou nous reviendraient, *comme fils aîné de nos parents*, dans notre descendance de la maison royale de France, et donnons pleins pouvoirs à notre susdit frère d'agir, tant pour nous-même que pour les autres membres de notre famille, dans tous les droits qui lui reviendraient ou écherraient en qualité de fils *aîné* de feu nos parents et aïeuls susnommés ;

*De telle sorte que*, dès lors et à présent, *notre susdit frère* ADELBERTH DE BOURBON *sera le chef reconnu de notre famille;*

Invitons en conséquence chacun, ainsi que toutes les autorités judiciaires ou civiles, à le reconnaître *en cette qualité*, à le respecter et à lui prêter aide et assistance.

Donné à Teteringen près Bréda, le 14 novembre 1883.

*Signé :* L.-C. DE BOURBON.

**Vu pour légalisation de la signature ci-dessus de Louis-Charles de Bourbon, par moi bourgmestre de Ginneken et Bavel, ce jour 14 novembre 1883.**

*Signé :* VAN DER BORCH. »

**Les enfants du prince Adelberth.** — Les enfants du prince Adelberth sont élevés dans les idées libérales.

Il a trois fils dont l'aîné, le prince *Louis*, né le 8 décembre 1865, a été reçu premier à l'Académie royale militaire de Hollande, sur 143 aspirants (1).

Cette admission est relatée, avec son rang, au journal officiel le *Nederlandsche Staats Courant*, nº du 18 juillet 1883.

Le prince Louis est entré dans l'infanterie le 8 septembre 1883 et, toujours resté à la tête de sa promotion, il a été classé dans l'artillerie en raison de ses aptitudes spéciales, par un décret en date du 29 décembre 1884.

Nous avons demandé à M. *van Lier*, consul des Pays-Bas à Paris, le texte

(1) Cette académie est à Bréda.

de ce décret, et nous avons reçu la communication suivante :

« CONSULAT DES PAYS-BAS. Paris, 17 mars 1885.

Monsieur le Comte,

Il résulte de la réponse, que je viens de recevoir du ministère de la guerre, que la promotion du jeune militaire L.-C.-J.-P. de Bourbon en décembre 1884 n'a pas eu lieu par un décret dans la forme usitée, mais a été traitée d'une façon plus intime, au moyen d'une correspondance avec le gouverneur de l'Académie royale militaire à Bréda.

Je regrette ainsi de ne pouvoir satisfaire à votre demande de vous procurer le texte du décret et vous prie, Monsieur le Comte, d'agréer l'assurance de mes sentiments très distingués.

*Signé :* VAN LIER. »

Le frère cadet du prince Louis a aussi été reçu à l'Académie royale militaire, après un brillant examen. *(Juillet 1885.)*

# CONCLUSION

Le grand déshérité s'est marié avec une jeune fille appartenant à une modeste famille de commerçants.

A la sueur de son front, il a gagné sa vie et celle de ses enfants, comme un simple ouvrier.

Qui pourrait conclure que la race de cet homme est devenue indigne de la couronne dans le pays d'où sont sorties les idées de liberté et d'égalité ?

L'héritier légitime de la maison de France a dans les veines le sang des rois et le sang du peuple.

Il représente seul le principe du droit héréditaire.

Il peut aussi représenter la volonté nationale.

---

« A Monsieur le comte de Duranti.

Bergen-op-Zoom, 5 octobre 1884.

Monsieur,

Je viens de lire votre brochure intitulée : LE ROI MORT QUI VIT.

La conclusion m'a particulièrement frappé. En deux mots, vous exprimez mes sentiments et ceux dans lesquels mes enfants sont élevés.

Cependant vous ne dites pas tout.

J'ai deux patries également chères à mon cœur : la France et la Hollande. Un devoir de reconnaissance m'attache à la seconde. Mais, si la France appelle mes enfants, ils sont à elle.

Recevez, Monsieur, l'expression de mes sentiments les plus distingués.

*Signé* : ADELBERTH DE BOURBON. »

# APPENDICE

**Les considérations de Larochefoucauld.** — On lit dans les Mémoires de Larochefoucauld :

« Il est difficile d'être placé dans une position plus embarrassante que celle où je me trouvais alors. Le bon sens et le raisonnement disent :

Que le malheureux Dauphin est mort au Temple, ou bien que, dans le cas où il n'y aurait pas fini ses jours et qu'il eût été arraché encore vivant de cette prison, on n'aurait pas manqué, depuis quarante ans, d'avoir sur son existence et son identité les preuves les plus authentiques ;

Que si M. de Charette a réellement présenté un Louis XVII aux troupes vendéennes, c'était seulement dans le but politique de soutenir ou de relever le courage de ses armées, et que si c'eût été véritablement le Dauphin, jamais M. de Charette ni les autres chefs de l'armée catholique n'eussent abandonné le Prince quel qu'eût été son sort ;

Et qu'enfin, l'intervention de l'empereur Alexandre, les supplications de Joséphine et son empoisonnement, l'article secret du traité de Paris, les représentations de M. le duc de Berri et son assassinat, ainsi que tous les crimes de Louis XVIII, sont autant de folies indignes de la moindre attention.

Cependant, quand l'instinct et le calcul ont ainsi raisonné, d'un autre côté, *la réflexion est obligée de convenir* qu'à toute rigueur, ce déplorable enfant a pu être retiré des mains de ses bourreaux ; que, pour dérober sa tête à toutes les poursuites, il a dû vivre dans une obscurité et dans une agitation peu favorables à sa recognition subséquente, et qu'enfin, dans l'état de proscription, de trouble et de domination où l'Europe a été tenue sous la Convention et l'Empire, il se peut rigoureusement aussi que le fils de Louis XVI n'ait jamais pu parvenir à se montrer et à faire valoir des droits qui auraient été un arrêt de mort pour lui et pour tous ceux, grands et petits, *rois et sujets*, qui se seraient exposés à le soutenir ! »

(Mémoires de Larochefoucauld, Paris 1834, tome V, page 84.)

## Une tentative d'assassinat.

**1834.** — On lit dans les Mémoires de Larochefoucauld :

« En présence de toutes ces circonstances, il fallait bien, presque malgré soi, continuer encore à s'en occuper de façon à arriver à un dénoûment quelconque, si tant est cependant que, *dans des affaires de cette nature*, on puisse en espérer un.

Je me décidai à écrire de nouveau à Madame (1) pour lui rendre compte de tout ce qui s'était passé :

Paris, le 11 février 1834.

Madame,

L'affaire dont j'ai eu l'honneur d'entretenir Votre Altesse Royale, semble acquérir tous les jours assez de gravité, pour que je crusse manquer à ma conscience si je lui laissais ignorer les circonstances qui l'accompagnent. Je ferai tout ce qui conviendra pour découvrir la vérité ou l'erreur. *Là se borne ma mission.* Je dois, pour être impartial, ajouter que plus

---

(1) La duchesse d'Angoulême, sœur de Louis XVII.

on voit, plus on examine le personnage en question, et plus on pourrait être tenté de lui trouver des points de ressemblance avec la famille royale, et, sous plus d'un rapport, le cachet de la vérité ; mais tel n'est pas pour moi le point de la question ; c'est Madame dont les souvenirs et le témoignage peuvent décider.

*Le personnage qui se dit Louis XVII*, indigné qu'on lui refusât une entrevue, *voulait se livrer à l'instant même aux tribunaux français* et leur demander un nom qu'on ne peut lui refuser, si, comme on l'affirme, il a en sa possession des preuves irrécusables. Dans mon opinion, ce serait une démarche fâcheuse et qu'il serait à désirer qu'on évitât. J'ai obtenu *à grand'peine* qu'un mois, *mais pas un jour de plus*, serait encore *accordé* après le départ de cette lettre, afin d'en recevoir la réponse. *Le terme expiré*, on n'hésite plus, m'a-t-on assuré *avec un ton qui trompe difficilement*.

Une circonstance importante a précédé de quelques jours le retour de M. de ... Je ne la juge point, bien qu'elle soit grave ; je me borne à la raconter :

*On vint me prévenir le 29 janvier*, en toute hâte, que le personnage avait été atteint la veille, à huit heures du soir, de plusieurs coups de poignard, dont un paraissait assez profond, mais qu'on ne le croyait pas en danger. Je m'y rendis le lendemain et j'examinai le tout avec le plus grand soin : je voulus voir et je vis la plaie et tous les habits percés de plusieurs coups ; tous les linges baignés de sang. La blessure est à quelques lignes du cœur ; au-dessous se trouve une contusion fort douloureuse, causée par la pression violente d'une médaille d'argent, percée de part en part, et qui semble avoir paré un coup qui eût été sans rémission. On avait eu l'imprudence de venir à Paris, de se rendre dans une maison surveillée, de vouloir en sortir seul. On a lutté avec force contre deux hommes, qui ont fini par se sauver à l'approche d'une voiture ; et, bien que terrassé, on avait eu la présence d'esprit de ne point crier, sentant l'importance qu'il y avait à ne pas être arrêté sans avoir pris de précautions. On parlait avec un extrême sang-froid : — *Le Dieu de Saint-Louis qui m'a toujours protégé, vient encore de me sauver comme par miracle ; il achèvera son ouvrage, monsieur, en me faisant reconnaître pour le fils de l'infortuné Louis XVI.* —

Quel que soit le personnage, son esprit ne manque ni de justesse, ni de lucidité.

Il est en sûreté maintenant et décidé à ne plus faire aucune imprudence ; *ce dernier mois peut donc être attendu sans danger.*

Je suis avec le plus profond respect, de Votre Altesse Royale, etc.

Signé : LAROCHEFOUCAULD. »

Mémoires de Larochefoucauld, Paris 1831, tome V, page 167.)

- Larochefoucauld, dont les récits et les raisonnements laissent voir qu'en fait il était persuadé de l'identité de Naündorff avec Louis XVII, ne cessa d'insister auprès de la duchesse d'Angoulême pour qu'elle reçût *le personnage* et contrôlât elle-même ses assertions.

Il reproduit même dans ses Mémoires la lettre suivante, dont l'auteur (1) a été

(1) Morel de Saint-Didier, cité ci-dessus page 88.

plusieurs fois son messager auprès de la sœur de Louis XVII :

« A Madame la duchesse d'Angoulême.

Paris, 7 février 1834.

Madame,

Arrivé à Paris, le 3 février, le premier besoin de mon âme est d'avoir l'honneur de mettre aux pieds de Son Altesse Royale et mon profond respect et l'hommage de ma reconnaissance pour l'accueil bienveillant que Madame a daigné m'accorder.

En m'éloignant des lieux où je laissais dans la longue chaîne de ses malheurs l'auguste famille de nos rois, j'avais le cœur brisé de douleur ; Madame en connaît le motif...

Les souvenirs, comme la douleur, Madame, sont aussi un sentiment ; et c'est le seul aujourd'hui qui sert encore de lien entre les Bourbons restés dans cette vallée de larmes et les Bourbons que Dieu a recueillis dans son sein par le baptême de sang. Les souvenirs ne resteront donc pas sans puissance sur l'âme de Madame, lorsque son Altesse Royale saura que le sang sur la terre a répondu au sang dans le ciel. Oui, Madame, l'horrible tribu de Louvel s'est retrouvée ; les décrets impénétrables de la divine Providence ont permis un crime nouveau ; mais la mission n'est pas finie, et la bonté de Dieu n'a pas voulu ouvrir encore la céleste patrie au nouveau martyr de ce monde.

Le 28 janvier, à huit heures du soir, six jours avant mon arrivée, l'infortuné a été assailli sur le Carrousel ; six coups de poignard lui ont été portés. Un d'eux l'a atteint dans la région du cœur ; un autre a rencontré l'une des médailles qu'il porte à son chapelet ; elle est à l'effigie de Jésus-Christ, et c'est Notre Seigneur que le poignard a frappé. Le coup a été si violent que la médaille d'argent, assez épaisse, en est restée pliée dans une concavité profonde. L'intrépide personnage s'est défendu avec un courage de Bourbon.

Madame, Dieu a tout prévu ; car, d'après le rapport du chirurgien, il n'y aura pas moyen de mettre sur le compte d'un suicide fictif et intéressé une blessure qui est, de toute évidence, le résultat d'un crime, d'un assassinat !

Cette circonstance où tout est visiblement providentiel, où tout est miraculeux, comme le personnage est lui-même un miracle ; cette circonstance, dis-je, une fois connue, Son Altesse Royale daignera apprécier.

Il reste à la prudence et à la sagesse de Madame, de décider si le moment n'est pas arrivé pour Son Altesse Royale de se rencontrer avec le personnage dans une voie particulière d'examen qui semble indiquée par le doigt de Dieu ; dans une voie, où attendent en suppliantes les destinées de la France malheureuse et souffrante ; dans une voie où l'honneur donne rendez-vous à l'honneur !

Je suis avec le plus profond respect, de Votre Altesse Royale, etc. »

(Mémoires de Larochefoucauld, Paris 1831, tome V, page 145.)

« MINISTERIE VAN BINNENLANDSCHE ZAKEN

N° 493

—

DIVISION DES ARTS
ET DES SCIENCES

—

Réponse à la lettre du 23 de ce mois, concernant envoi de livre.

—

La Haye, le 27 février 1885.

Monsieur le Comte,

J'ai l'honneur de vous accuser réception d'un exemplaire de votre livre intitulé : LE ROI MORT QUI VIT. Je m'empresse de vous offrir tous mes remercîments pour ce gracieux envoi.

Agréez, Monsieur le Comte, les assurances de ma considération la plus distinguée.

POUR LE MINISTRE DE L'INTÉRIEUR :
*Le Secrétaire général,*
HUBRECHT.

A M. le comte de Duranti,
184, boulevard Haussmann, Paris. »

« A M. le comte de Duranti.

Middelbourg, 2 janvier 1885.

Monsieur le Comte,

Retourné de La Haye par le recèz de la chambre des Représentants, j'ai lu et relu avec le plus grand intérêt votre brochure : LE ROI MORT QUI VIT. Même si je ne l'avais d'avance, elle m'aurait donné la conviction parfaite que Naündorff était le véritable duc de Normandie.

Chacune de vos annotations est une présomption de plus pour cette vérité ; ensemble elles forment une preuve inébranlable.

Agréez, Monsieur le Comte, l'assurance de la parfaite considération du

Chevalier VAN MIERDERVOORT,

*Membre de la chambre des Représentants.* »

---

LE ROI MORT QUI VIT, E. Voreaux libraire, 11, rue Chauveau-Lagarde à Paris, et dans toutes les librairies. Prix : 50 centimes.

**L'ordre du jour du général Charette.** — Cette proclamation, citée page 45 et constatant en décembre 1795 l'existence de Louis XVII *six mois après son prétendu décès*, est contresignée par trente-six personnes connues.

On lit, dans une revue mensuelle, sous la signature de M. Charles Nauroy :

« J'ai trouvé dans un rapport au ministre de la police du 13 septembre 1817 (*Archives nationales*), les noms des signataires de cette proclamation ; les voici :

— De Stofflet, de Verteuil, Depiron, de La Rochejaquelein, Allair, Descures, Forestier, de Scepeaux, de Lescure, Bonchamp, Harbolle, Magnan, Duhou, de Saulieu, de Laroche-Courbon, Carrières, d'Autichamp, Fraché, de Saint-Gervais, Bancé, le comte Frotté de Saint-Georges, de Marigny, le curé de Saint-Lô, Bauvolher, Desessard, Railmond, Florio, Craon, de Saint-Mars, de Moulinière, de Jupons, l'abbé Sagoth, Ferré, Destouches, Diargent et Mme de La Rochejaquelein. — »

(*Le Curieux*, Paris 188[illegible] — N° 21.)

Paris. — Imp. J. RIGAL et Cie, passage du Caire, 56.

# L'ACTE DU 14 NOVEMBRE 1883

De son mariage, avec Jeanne Einert, Louis XVII eut neuf enfants, dont cinq fils dans l'ordre suivant : Édouard, Charles, Edmond, Adelberth et Emmanuel.

Trois sont morts, Édouard et Emmanuel sans s'être mariés et Edmond qui s'est marié malgré l'opposition du roi de droit.

Deux sont vivants : *Charles,* né en 1831, *Adelberth,* né en 1840.

Le 14 novembre 1883, Charles, marié et sans enfants, a cédé ses droits à Adelberth par un acte authentique.

Voici l'explication historique de cet acte de cession :

Lorsque les évêques et les barons, représentants de la France féodale, décernèrent la couronne à Hugues Capet et à sa lignée masculine par ordre de primogéniture, l'Église intervenant, seule, dans le mariage, le mot *légitimité* avait un sens exclusivement canonique, et, jusqu'en 1464, pour être apte à succéder au trône, il suffisait de descendre de Hugues Capet en ligne masculine et canoniquement légitime.

A partir de 1464, *le consentement du Roi* devint une condition nécessaire à la validité dynastique du mariage d'un prince du sang. En effet, Louis de Bourbon ayant épousé Catherine d'Egmont malgré l'opposition de Louis XI, son mariage fut réputé nul devant la loi du royaume et les enfants issus de cette union furent exclus de la succession au trône quoique *canoniquement légitimes.* En vain réclamèrent-ils ? Leurs instances furent repoussées par le Parlement et, sous François Ier, un arrêt du Conseil Royal trancha solennellement la question. Les Bourbons-Busset, issus de Louis de Bourbon *en loyal mariage*, furent autorisés à porter les armes de France sans barre de bâtardise, mais leur exclusion du trône de France fut confirmée à *perpétuité*. En conséquence, à la mort de Henri III, quoique les Bourbons-Busset fussent devenus les aînés de la race capétienne, la couronne passa aux Bourbons-Vendôme par l'avènement de Henri IV.

Depuis cette éclatante consécration d'une tradition séculaire, la loi de la légitimité est demeurée la même. Elle a été appliquée par Louis XIII à son frère Gaston d'Orléans, par Louis XVIII à son neveu le duc de Berry, et insérée explicitement dans les constitutions impériales par Napoléon Ier et par Napoléon III. Enfin, elle est en vigueur dans les dynasties régnantes de l'Europe contemporaine.

Le feu prince Edmond s'étant marié malgré l'opposition du prince Charles, alors roi de droit, son mariage est dynastiquement nul, et la cession faite par le prince Charles en faveur du prince Adelberth (14 *novembre* 1883), est conforme aux traditions de la légitimité.

Nier que le prince Adelberth soit aujourd'hui roi de droit, reviendrait à dire que Henri IV était un usurpateur vis-à-vis des Bourbons-Busset.

Or, les descendants de Louis XVI tiennent leurs droits du sang de Henri IV.

**Objection.** — Il est vrai que le prince Edmond s'est marié malgré l'opposition du prince Charles, alors roi de droit, mais le prince Edmond n'est-il pas rentré en grâce quatre ans plus tard, et cette réconciliation n'est-elle pas une ratification subséquente de son mariage ?

N'est-ce pas ainsi que Louis XIII, touché par les instances de son frère Gaston d'Orléans, se décida à ratifier le mariage de ce prince ?

**Réponse.** — Louis XIII ratifia le mariage de son frère en 1636 par Lettres Patentes sur le sens desquelles il n'y a aucun doute, tandis que le prince Charles, ayant cédé ses droits à son frère Adelberth en visant *expressément et deux fois* le décès d'Edmond, a prouvé surabondamment qu'il n'avait jamais ratifié le mariage d'Edmond.

Le prince Edmond n'a pas non plus considéré ses enfants comme légitimes puisque, depuis son mariage et de concert avec Charles, il a négocié, en 1877, la cession du droit d'aînesse au prince Adelberth, moyennant 50,000 florins pour lui et 50,000 florins pour Charles, comme cela est établi par une lettre de lui, dont l'extrait suivant, certifié par trois témoins patentés, est déposé au rang des minutes de Me Goupil, notaire à Paris :

« J'ai réfléchi, je suis donc tout prêt à convaincre notre frère Charles qu'il est de notre intérêt de déclarer notre frère Adelberth chef de notre maison...

Mon frère Charles m'écrit le 5 septembre (1877) : — Si on a besoin de notre abdication, qu'on commence par t'assurer fl. 50.000, ainsi que pour moi fl. 50,000.

De mon côté je n'ai rien à dire, je suis tout de l'avis de mon frère Charles. —

*Signé :* EDMOND DE BOURBON. »

POUR TRADUCTION :

J. van Brederode *ancien libraire à Haarlem*,
P. van Brederode *banquier à Haarlem*,
J. Hartmann *traducteur assermenté au tribunal de Haarlem*.

# LA PROCLAMATION DE CHARETTE

La proclamation de Charette, constatant en décembre 1795 l'existence de Louis XVII *six mois après son prétendu décès*, est contre-signée par trente-six personnes ayant un nom connu.

On lit dans une revue mensuelle, sous la signature de M. Charles Nauroy :

« J'ai trouvé dans un rapport au ministre de la police du 13 septembre 1817 (*Archives nationales*), les noms des signataires de cette proclamation ; les voici :

— De Stofflet, de Verteuil, Depiron, de La Rochejaquelein, Allair, Descures, Forestier, de Scepeaux, de Lescure, Bonchamp, Harbolle, Magnan, Duhou, de Saulieu, de Laroche-Courbon, Carrières, d'Autichamp, Fraché, de Saint-Gervais, Bancé, le comte Frotté de Saint Georges, de Marigny, le curé de Saint-Lô, Bauvolher, Desessard, Railmond, Florio, Craon, de Saint-Mars, de Moulinière, de Jupons, l'abbé Sagoth, Ferré, Destouches, Diargent et Mme de La Rochejaquelein. — »

(*Le Curieux*, Paris 1885, N° 21).

---

Cette proclamation est citée, p. 36, dans LE ROI MORT QUI VIT, par le comte de Duranti, Paris 1884, E. Voreaux, libraire, 14, rue Chauveau-Lagarde, prix : 50 centimes, et dans les RECHERCHES SUR LOUIS XVII, p. 45, du même auteur, même librairie, prix : un franc. L'acte de cession du 14 novembre 1883 est cité *in extenso* dans ces deux ouvrages.

www.ingramcontent.com/pod-product-compliance
Ingram Content Group UK Ltd.
Pitfield, Milton Keynes, MK11 3LW, UK
UKHW021155260726
13994UKWH00001B/481